캐릭터 소개

까비

호기심 많고 장난꾸러기이나 언제나 친구들을 위해 위험을 무릅쓰는 소년이다.

슬기

지식 내공이 높은 소녀로 주위 사람들을 잘 도와주고 미션을 제시한다.

토토

척척박사인 슬기의 애완견으로 까비의 미션 성공을 위해 많은 도움을 준다.

초판 발행일 | 2021년 7월 30일
지은이 | 해람북스 기획팀
펴낸이 | 최용섭
총편집인 | 이준우
기획진행 | 김미경

(주)해람북스
주소 | 서울시 용산구 한남대로 11길 12, 6층
문의전화 | 02-6337-5419 팩스 02-6337-5429
홈페이지 | http://www.hrbooks.co.kr

발행처 | (주)미래엔에듀파트너 출판등록번호 | 제2020-000101호

ISBN 979-11-6571-140-5 13000

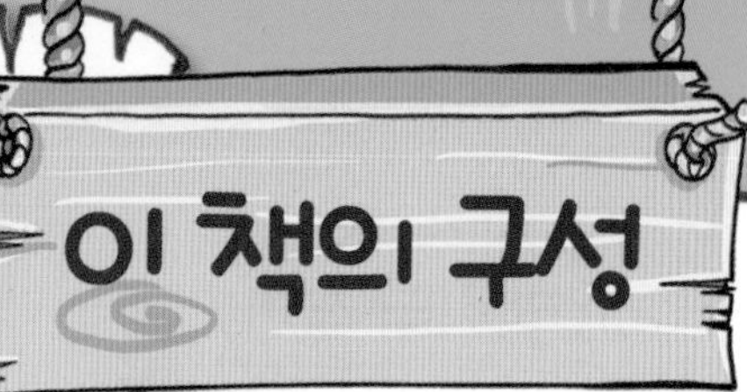

미션을 모두 성공하려면 이 책이 어떻게 구성되어 있고 따라해야 하는지 잘 알고 있어야겠죠? 미션 성공을 위해 이 책의 구성을 잘 살펴보세요.

07장 별나라 정보는 내가 보여주지!
- 작업 표시줄 살펴보기
- 작업 표시줄 크기 조절하기
- 작업 표시줄 자동 숨기기

날짜	월	일
타수내공 :		
확인란 :		

타자 체크

수업 시작 전 날짜와 타자 연습한 기록을 적습니다.

오늘의 미션
- [시작] 메뉴 살펴보기
- [시작] 메뉴와 앱 타일 크기 조정하기
- 시작 화면 설정하기

오늘의 미션

해당 장에서 배울 기능을 미션으로 제시해 줍니다.

- [시작] 메뉴
- [시작] 메뉴와
- 시작 화면 설정하

미션 Hint

따라하기를 하기 전 미션에서 제시한 기능을 설명합니다.

예제 따라하기

미션에서 제시된 기능들을 따라하기를 통해 학습합니다.

1 [파일 탐색기] 아이콘( )을 클릭하여 파일 탐색 사진1, 사진2, 사진3을 선택합니다. 이어서 마 [잘라내기]를 선택합니다.

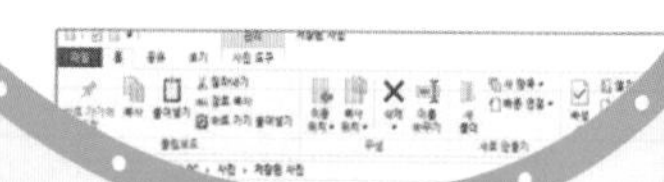

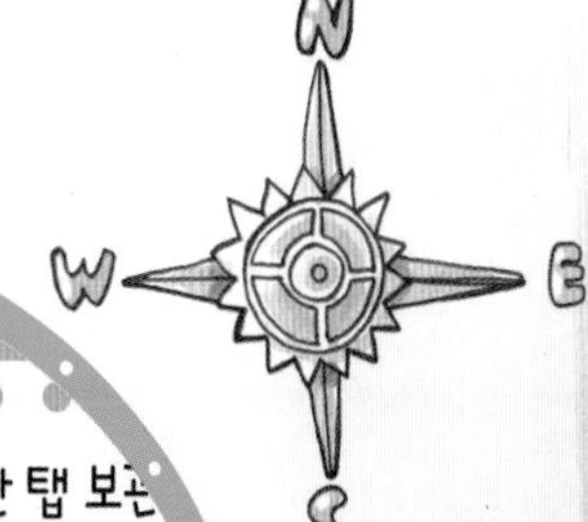

토토가 알려주는 Tip

따라하기 쉽게 하기 위한
방법이나 보충 설명을 토토가
자세히 알려줍니다.

재미 Fun 실력 Up

해당 장에서 배운 기능들에
대한 퀴즈를 풀어봅니다.

컴속 해결사

따라하기 설명에 포함되지
않지만 중요한 내용들을
토토가 자세히 알려줍니다.

쑥쑥! 실력 키우기

실력 쑥쑥!

배운 내용을 반복해서 학습하고
응용할 수 있도록 혼자서 문제를 풀어
봅니다.

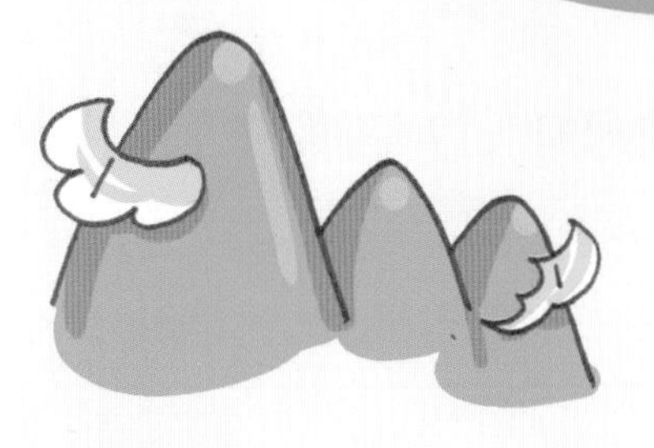

도전! 자격증

배운 기능 레벨에 맞는
자격증 문제를 혼자서 풀어봅니다.

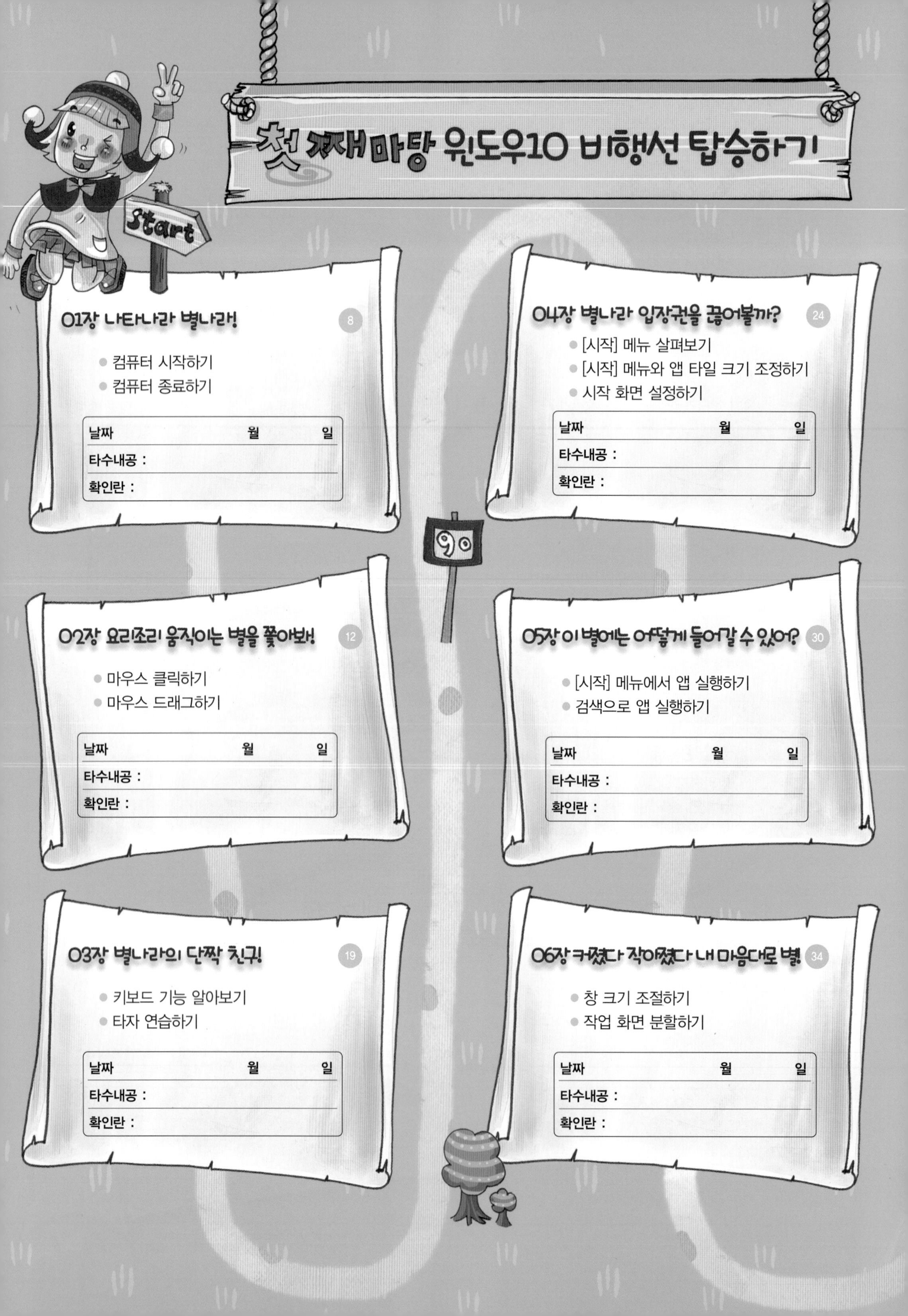

첫째마당 윈도우10 비행선 탑승하기

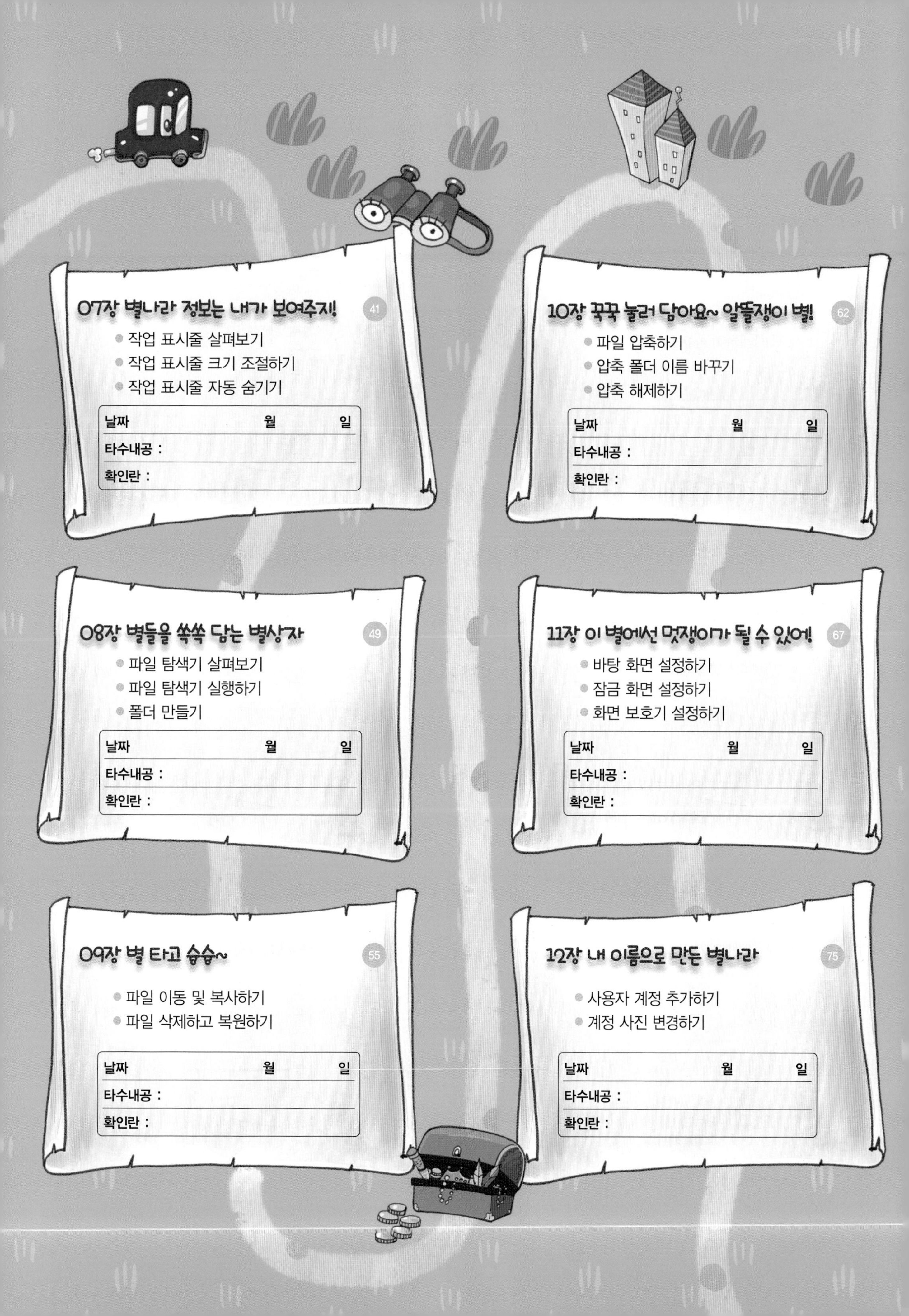

날짜 월 일
타수내공 :
확인란 :

날짜 월 일
타수내공 :
확인란 :

날짜 월 일
타수내공 :
확인란 :

날짜 월 일
타수내공 :
확인란 :

날짜 월 일
타수내공 :
확인란 :

날짜 월 일
타수내공 :
확인란 :

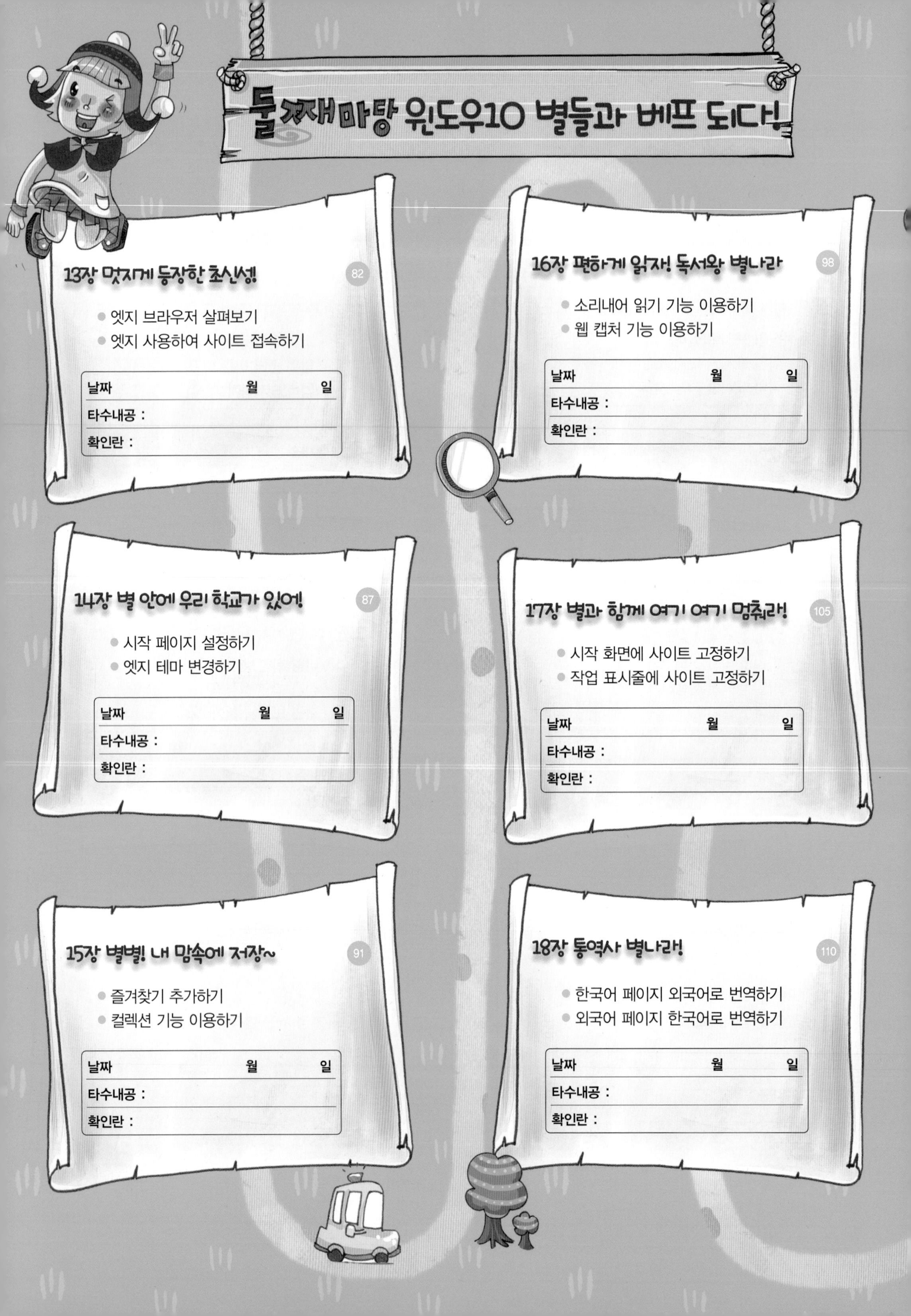

둘째마당 윈도우10 별들과 베프 되다!
13장 멋지게 등장한 초신성!
82
엣지 브라우저 살펴보기
엣지 사용하여 사이트 접속하기
날짜 월 일
타수내공 :
확인란 :
14장 별 안에 우리 학교가 있어!
87
시작 페이지 설정하기
엣지 테마 변경하기
날짜 월 일
타수내공 :
확인란 :
15장 별별! 내 맘속에 저장~
91
즐겨찾기 추가하기
컬렉션 기능 이용하기
날짜 월 일
타수내공 :
확인란 :
16장 편하게 읽자! 독서왕 별나라
98
소리내어 읽기 기능 이용하기
웹 캡처 기능 이용하기
날짜 월 일
타수내공 :
확인란 :
17장 별과 함께 여기 여기 멈춰라!
105
시작 화면에 사이트 고정하기
작업 표시줄에 사이트 고정하기
날짜 월 일
타수내공 :
확인란 :
18장 통역사 별나라!
110
한국어 페이지 외국어로 번역하기
외국어 페이지 한국어로 번역하기
날짜 월 일
타수내공 :
확인란 :

19장 발자국을 남기는 별이 있어! 118

- 검색 기록 확인하기
- 검색 기록 삭제하기

날짜	월	일
타수내공 :		
확인란 :		

20장 내가 좋아하는 별만 모아 모아! 123

- 사이트에서 이미지 저장하기
- 사이트에서 노래 가사 저장하기

날짜	월	일
타수내공 :		
확인란 :		

21장 이 별에선 나도 화가! 131

- 그림판 앱 실행하고 색칠 놀이하기
- 색칠한 그림에 말풍선 삽입하기

날짜	월	일
타수내공 :		
확인란 :		

22장 천둥번개 별나라! 139

- 날씨 앱 이용하여 날씨 확인하기
- 캡처 도구 이용하여 날씨 정보 캡처하기

날짜	월	일
타수내공 :		
확인란 :		

23장 별만 믿고 따라 오라구! 145

- 지도 앱으로 각 나라 3D로 구경하기
- 지도 앱으로 거리 구경하기
- 지도 앱 활용하여 길 찾기

날짜	월	일
타수내공 :		
확인란 :		

24장 여기가 별나라야 미술관이야? 152

- 그림판 3D 앱으로 '커비' 기본 틀 그리기
- 3D 셰이프 이용하여 '커비' 꾸미기

날짜	월	일
타수내공 :		
확인란 :		

01장
나타나라 별나라!
오늘의 미션
• 컴퓨터 시작하기
• 컴퓨터 종료하기
지금부터 윈도우10 별나라를 여행하기 위해 컴퓨터를 켜볼 거야. 컴퓨터를 켜고 들어가 윈도우10 별나라가 어떻게 생겼는지 한 번 살펴볼까?
빨리 윈도우10 별나라를 여행하고 싶어! 지금 바로 컴퓨터 켜는 방법을 알려줘!
미션 Hint
• 컴퓨터 시작하기 : 컴퓨터를 시작하기 위해 컴퓨터 본체에 있는 버튼을 눌러야 합니다. 손가락으로 한 번 꾹~ 누르면 컴퓨터를 시작할 수 있습니다.
• 컴퓨터 종료하기 : 컴퓨터를 시작할 땐 버튼을 눌렀지만, 컴퓨터를 종료할 땐 마우스를 이용해야 합니다. 마우스를 이용하지 않고 본체에 있는 버튼을 눌러 종료하면 컴퓨터가 고장 날 수 있습니다.

01 컴퓨터를 켜고 바탕 화면을 살펴보아요.

윈도우10 별나라 여행을 하기 위해 먼저 컴퓨터를 켜야 해요. 본체에 있는 전원 단추를 눌러 컴퓨터를 켠 후 윈도우10 별나라에서 처음 만나게 되는 바탕 화면을 살펴볼까요?

1 본체에 있는 전원 단추를 손가락으로 꾹~ 누른 후 모니터에 있는 전원 단추를 살짝 터치합니다.

본체와 모니터 단추의 위치는 컴퓨터마다 다를 수 있어!

2 컴퓨터가 켜지면 처음 만나게 되는 바탕 화면을 살펴 봅니다.

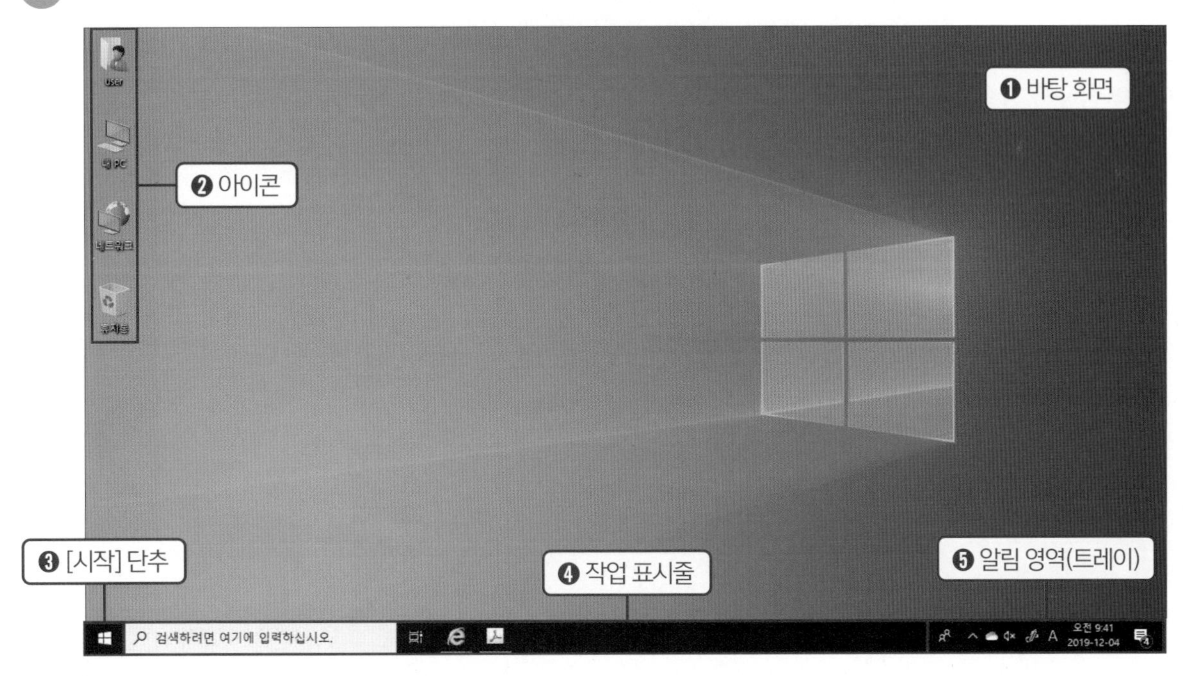

❶ 창, 아이콘, 대화 상자가 표시되는 화면상의 작업 영역입니다.
❷ 프로그램이나 기능을 표시하는 작은 그림으로, 더블 클릭하면 연결된 작업이 실행됩니다.
❸ 윈도우의 기능을 실행하거나 설치되어 있는 프로그램, 앱 목록을 표시해주는 단추입니다.
❹ 실행된 프로그램이나 열려 있는 창들이 표시되는 곳입니다. 작업 표시줄 오른쪽 끝에는 날짜와 시간 등 시스템 정보와 관련된 아이콘들이 표시됩니다.
❺ 현재 날짜와 시간, 각종 정보가 표시됩니다.

02 컴퓨터를 종료해 보아요.

[시작] 메뉴에 있는 [전원] 단추를 클릭하면 다양한 항목을 확인할 수 있어요. 어떤 항목이 있는지 살펴보고 컴퓨터를 종료하는 방법을 알아볼까요?

1. [시작] 단추( )를 클릭하면 [시작] 메뉴 왼쪽 아랫부분에 [전원] 단추( )를 확인할 수 있습니다. 이어서 [전원] 단추( )를 클릭하면 3가지 항목이 나타나는 걸 확인할 수 있습니다.

❶ 전력 사용을 최소화하기 위해 사용하는 기능으로, 윈도우는 종료되지만 컴퓨터는 완전히 꺼지지 않은 상태로 유지됩니다. 절전 상태일 때 키보드를 누르거나 마우스를 움직이면 윈도우가 다시 실행됩니다.
❷ 윈도우가 종료되고 컴퓨터의 전원이 완전히 꺼집니다.
❸ 현재 시스템을 종료한 후 다시 시스템을 실행시켜 윈도우를 재부팅합니다.

2. [시작] 단추( )를 클릭하고 [전원] 단추( )를 클릭한 후 [시스템 종료]를 클릭하여 컴퓨터를 종료합니다.

쑥쑥! 실력 키우기

1 다음은 윈도우10의 바탕 화면입니다. 해당 화면 구성 요소의 이름을 적어 보세요.

❶

❷

❸

2 [시작] 단추(■)를 클릭하고 [전원] 단추(⏻)를 클릭한 후 [다시 시작]을 클릭하여 시스템을 다시 시작해 보세요.

02장
요리조리 움직이는 별을 쫓아봐!
오늘의 미션
• 마우스 클릭하기
• 마우스 드래그하기
까비야, 윈도우10 별나라에는 요리조리 움직이는 별이 있어. 바로 마우스라는 별인데, 이 별을 쫓아다니면 더욱 즐겁게 별나라 여행을 할 수 있어. 그럼 마우스 조작 방법에 대해 알아볼까?
요리조리 움직이는 마우스를 쫓아다니면 더 즐겁게 여행할 수 있다고? 빨리 마우스를 만나보고 싶어!
미션 Hint
• 마우스 클릭하기 : 마우스 왼쪽 단추를 한 번 누르면 클릭, 빠르게 두 번 누르면 더블 클릭이라고 합니다.
• 마우스 드래그하기 : 마우스 단추를 누르고 있는 상태에서 마우스를 끄는 걸 드래그라고 합니다.

01 마우스 왼쪽 단추를 클릭해 보아요.

마우스는 쥐(mouse)와 생김새가 비슷하다고 해서 붙여진 이름으로, 윈도우10에서는 마우스를 이용하여 실행, 선택, 메뉴 표시 등의 명령을 편리하게 지시할 수 있어요. 마우스를 클릭하여 여러 가지 작업을 실행해 볼까요?

1. 바탕 화면에 있는 [휴지통] 아이콘( ) 위에 마우스 커서를 올려놓은 후 마우스 왼쪽 단추를 한 번 클릭하면 아이콘이 선택됩니다.

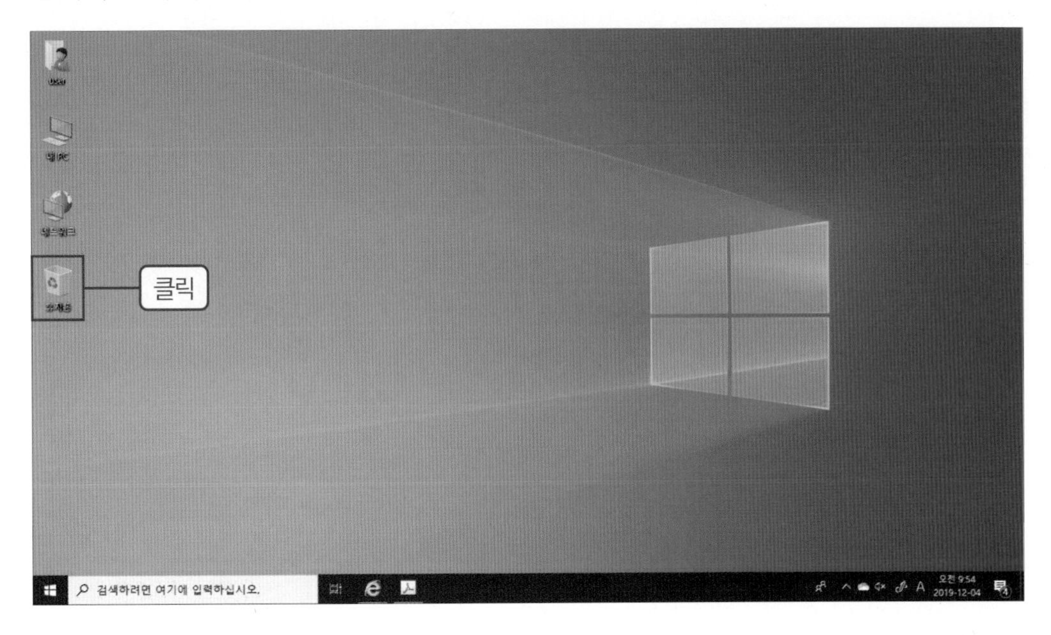

2. [휴지통] 아이콘( ) 위에서 마우스 왼쪽 단추를 빠르게 두 번 클릭하면 [휴지통] 앱이 실행됩니다.

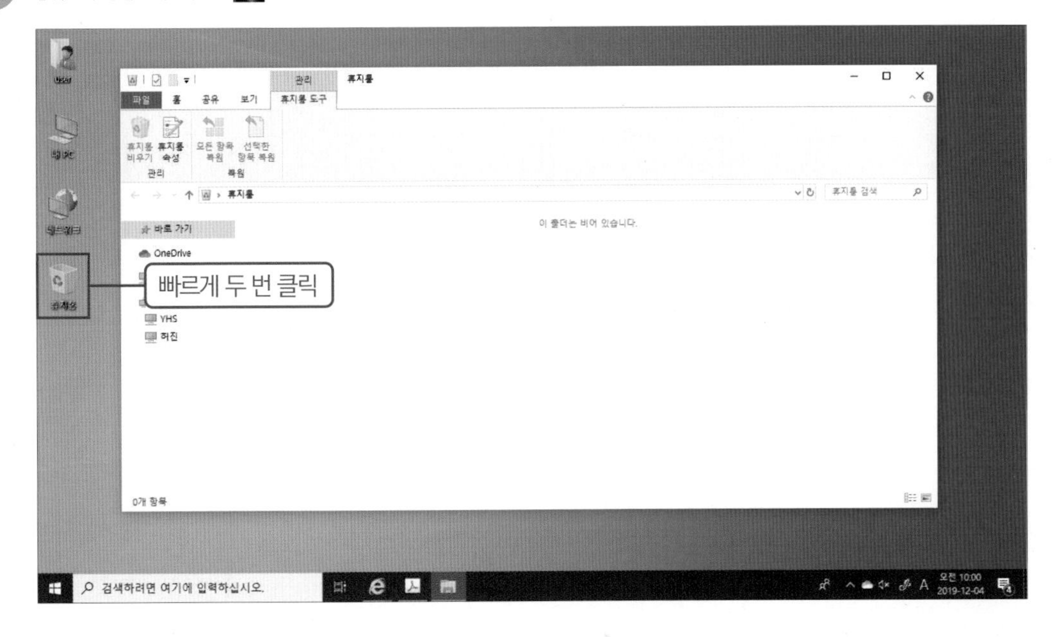

3 [휴지통] 창 오른쪽 상단의 [닫기] 단추(╳) 위에서 마우스 왼쪽 단추를 한 번 클릭하면 [휴지통] 창이 닫힙니다.

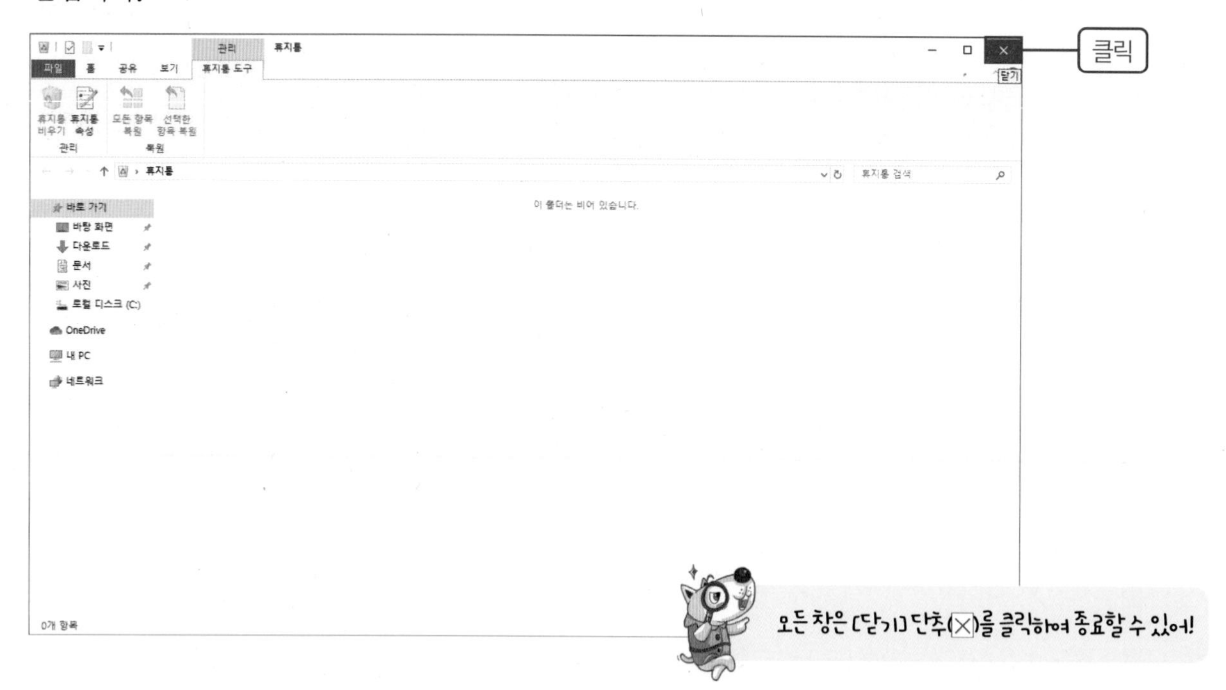

02 마우스 오른쪽 단추를 클릭해 보아요.

바탕 화면이나 아이콘 위에서 마우스 오른쪽 단추를 클릭하면 바로 가기 메뉴가 나타나요. 그럼 바탕 화면 위에서 마우스 오른쪽 단추를 클릭하여 바탕 화면 아이콘을 안 보이게 해볼까요?

1. 바탕 화면 위에서 마우스 오른쪽 단추를 클릭한 후 나타나는 '바로 가기 메뉴'에서 [보기]-[바탕 화면 아이콘 표시]를 차례로 클릭합니다.

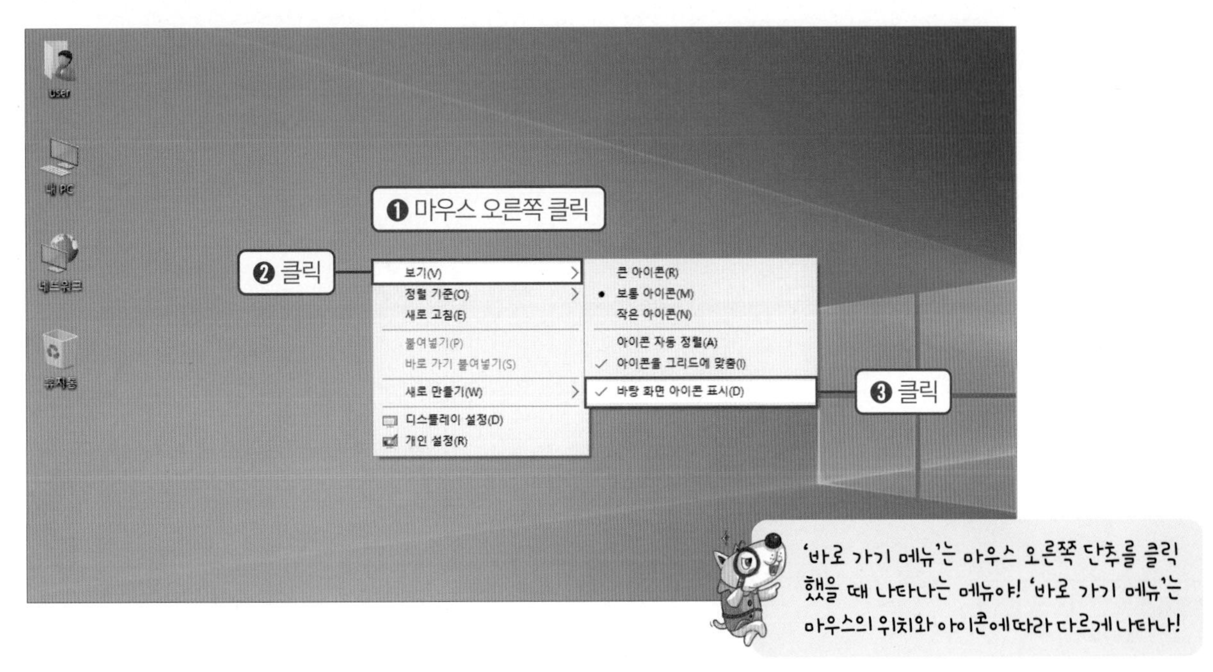

2. 바탕 화면의 아이콘이 모두 사라진 것을 확인합니다.

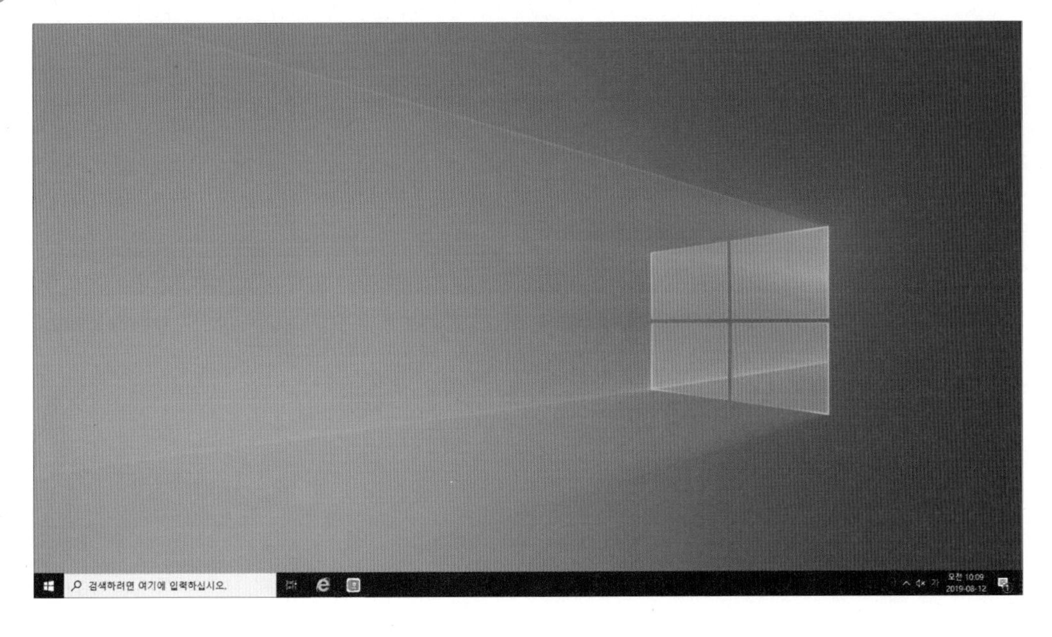

3 다시 바탕 화면 아이콘을 표시하기 위해 바탕 화면 위에서 마우스 오른쪽 단추를 클릭한 후 나타나는 '바로 가기 메뉴'에서 [보기]-[바탕 화면 아이콘 표시]를 차례로 클릭합니다.

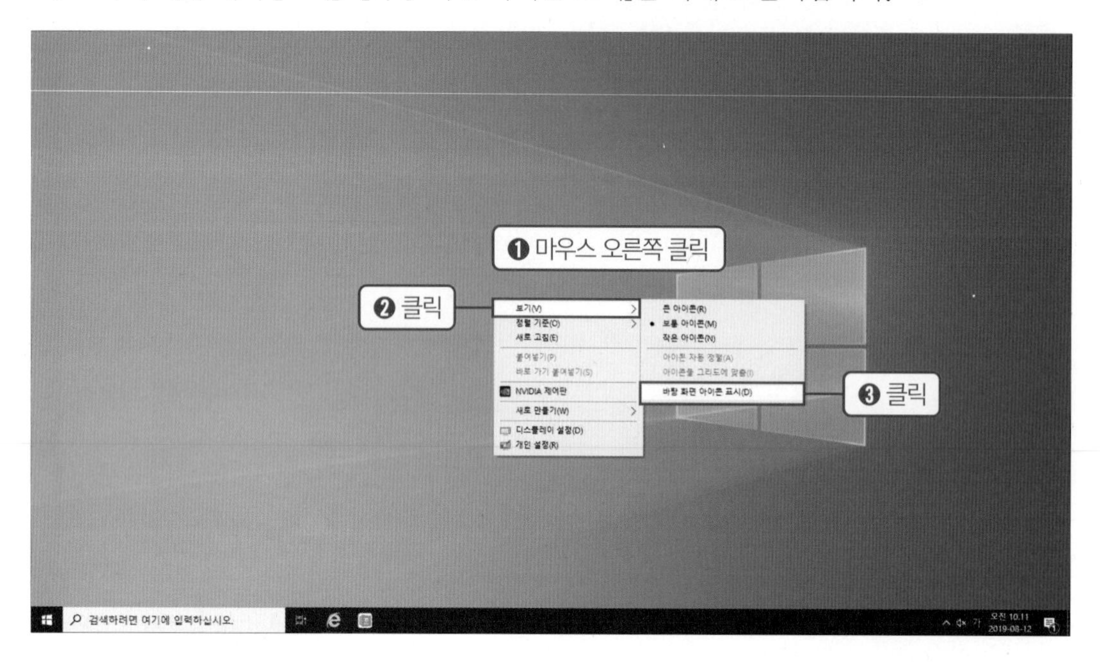

4 바탕 화면에 아이콘이 표시되는 것을 확인합니다.

[바탕 화면 아이콘 표시] 왼쪽에 ✔ 표시가 없으면 아이콘들이 보이지 않고, ✔ 표시가 있으면 아이콘들이 보여!

03 마우스를 드래그해 보아요.

드래그는 여러 개의 아이콘을 한꺼번에 선택하거나 아이콘을 이동시킬 때 사용되는 기능이에요. 마우스를 드래그하여 아이콘의 위치를 이동시켜 볼까요?

1. 바탕 화면의 [휴지통] 아이콘( ) 위에 마우스 커서를 올려놓은 후 마우스 왼쪽 단추를 꾹 누른 상태로 오른쪽으로 마우스를 움직여 봅니다.

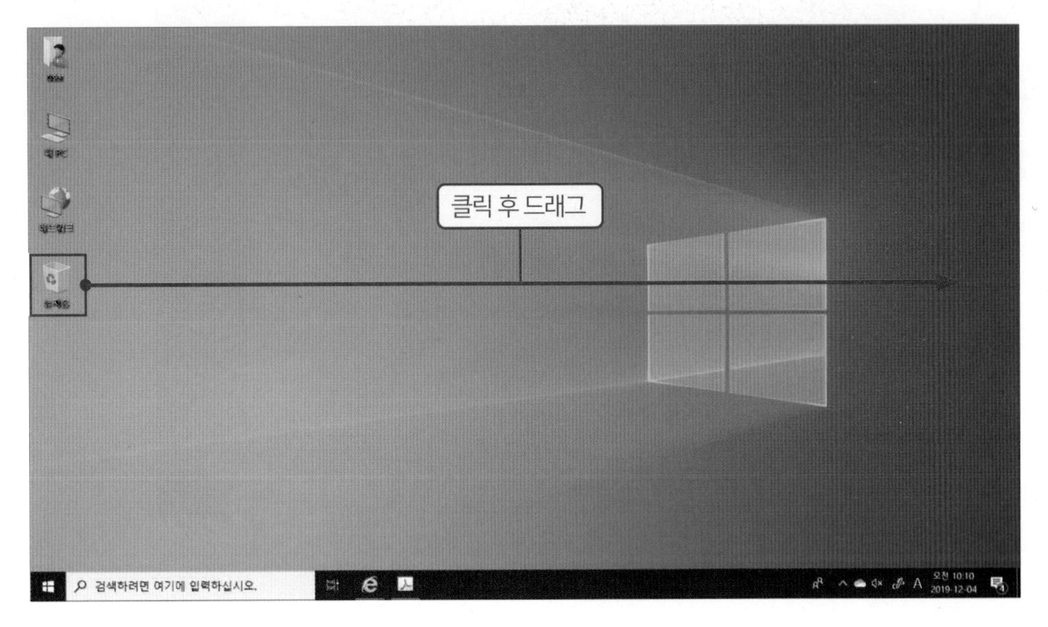

2. [휴지통] 아이콘( )을 바탕 화면의 원하는 위치로 이동시킨 후 누르고 있던 마우스 왼쪽 단추에서 손가락을 뗍니다.

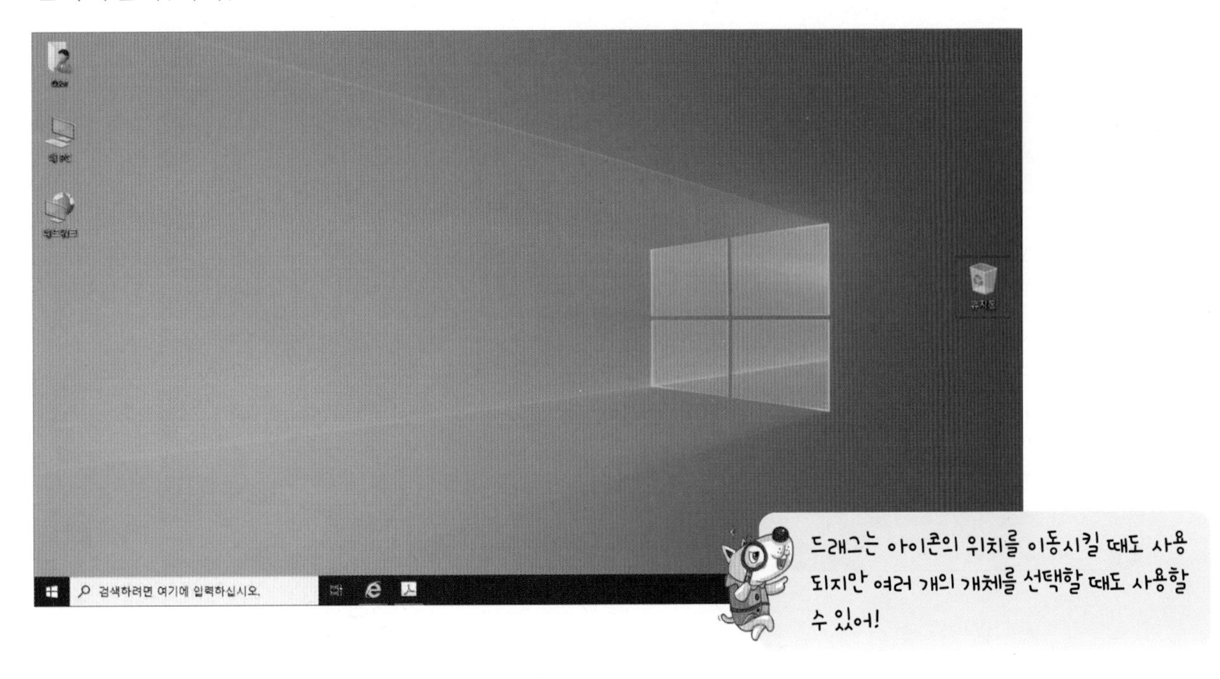

쑥쑥! 실력 키우기

1 바탕 화면에 있는 [휴지통] 아이콘( )을 더블 클릭하여 창을 열어본 후 다시 창을 닫아 보세요.

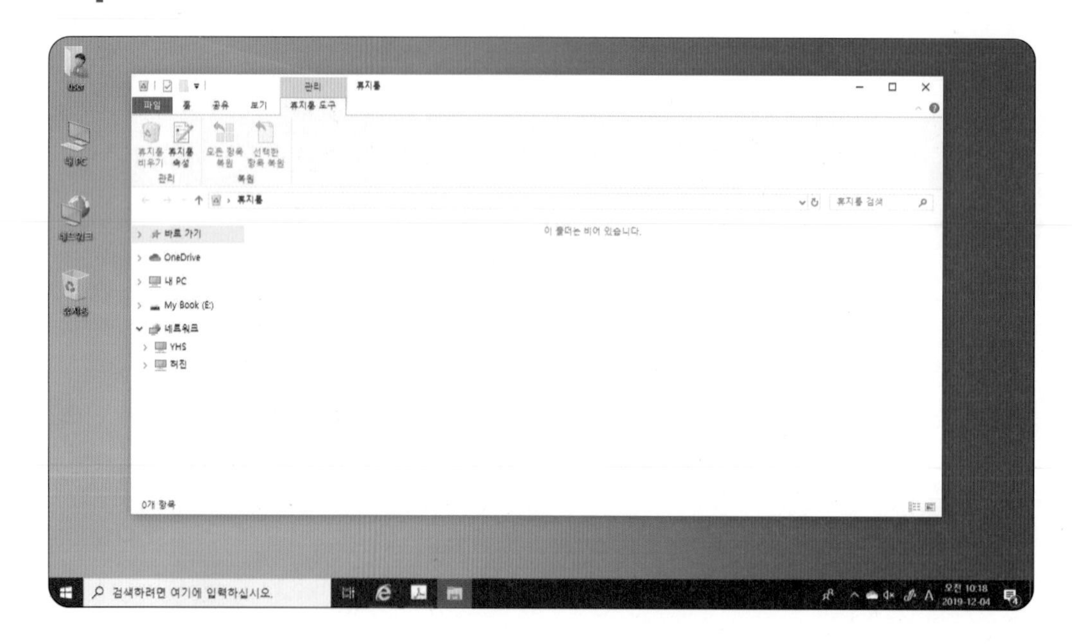

2 바탕 화면에 있는 [휴지통] 아이콘( )을 드래그하여 바탕 화면 오른쪽 상단으로 이동시켜 보세요.

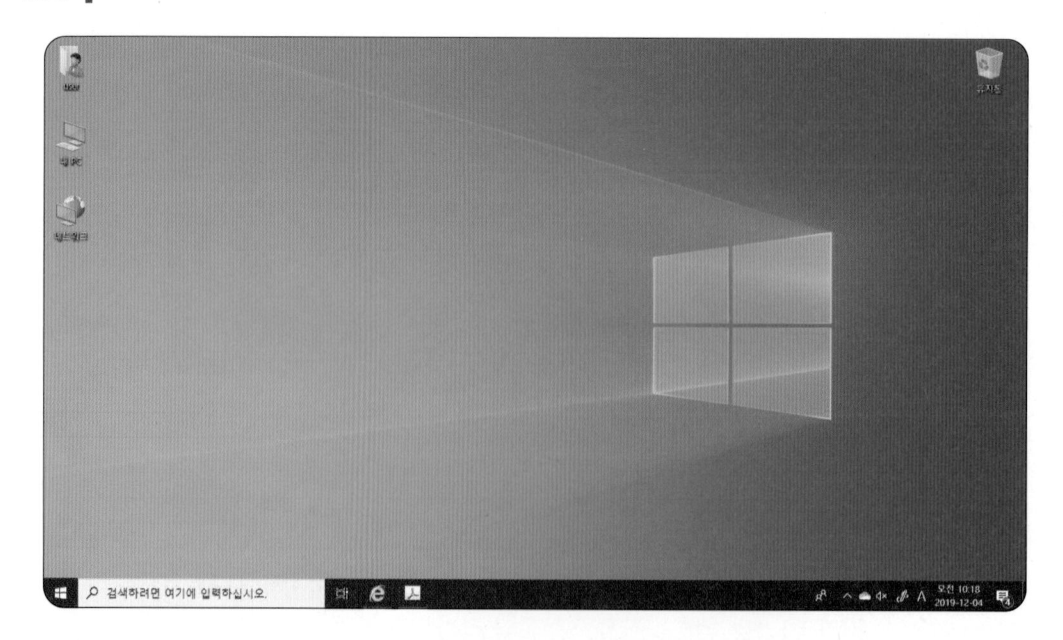

03장
별나라의 단짝 친구!
오늘의 미션
•키보드 기능 알아보기
•타자 연습하기
까비야,
저~기 보이는 게 뭔지 알아?
저건 키보드라는 건데 자판이라고도 해!
윈도우10 별나라의 가장 친한 친구지!
뭔가 복잡하게 생겼는데?
어서 키보드 사용법을
배워 보고 싶어!
미션 Hint
•키보드 기능 알아보기 : 키보드의 각 기능을 알 수 있습니다.
•타자 연습하기 : 한컴 타자연습을 실행하여 타자를 연습할 수 있습니다.

01 키보드의 기능을 알아보아요.

키보드는 컴퓨터의 기본 입력 장치로 문자나 숫자를 입력하거나 단축키를 이용하여 명령을 내릴 때 사용돼요. 그럼 키보드 각 키의 기능에 대해 알아볼까요?

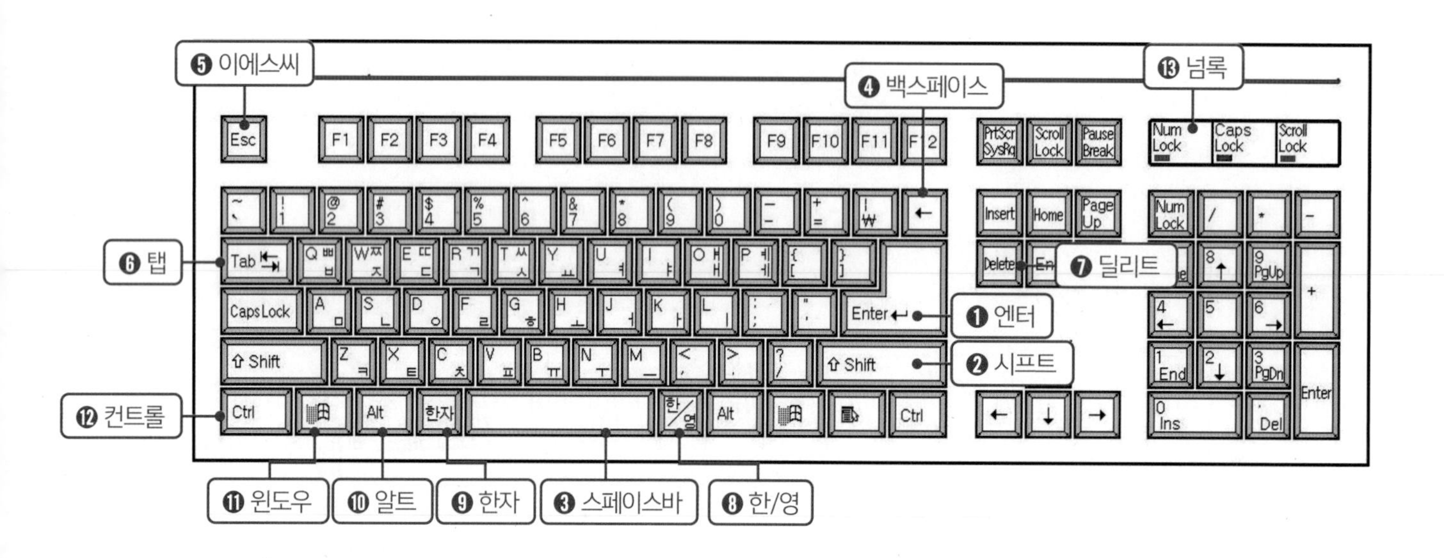

❶ 명령을 실행하거나 글자 입력 줄을 바꿀 때 사용합니다.
❷ 한글 입력 시 쌍자음 혹은 특수문자를 입력하거나 영문 입력 시 영문의 대/소문자를 입력할 때 사용합니다.
❸ 글자 입력 칸을 한 칸씩 띄울 때 사용합니다.
❹ 커서를 기준으로 왼쪽의 글자를 삭제할 때 사용합니다.
❺ 실행시킨 내용을 취소할 때 사용합니다.
❻ 다음 구성 요소로 이동하거나 일정한 간격으로 글자 입력 칸을 띄울 때 사용합니다.
❼ 커서를 기준으로 오른쪽의 글자를 삭제할 때 사용합니다.
❽ 한글과 영문의 입력 상태를 전환할 때 사용합니다.
❾ 한자를 입력하기 위해 한글을 한자로 변경할 때 사용합니다.
❿ 다른 키와 함께 메뉴를 선택할 때 사용합니다.
⓫ [시작] 메뉴를 화면에 나타낼 때 사용합니다.
⓬ 복사, 잘라내기, 붙여넣기 등을 할 때 다른 키와 함께 사용합니다.
⓭ 키보드 오른쪽에 있는 숫자 키패드를 활성화하여 숫자를 입력하거나 비활성화하여 숫자 키패드를 방향키로 사용할 때 사용합니다.

02 타자 연습을 해보아요.

키보드의 각 기능을 알아봤으니 이제 직접 타자를 쳐봐야겠죠? 윈도우10 별나라에 있는 한컴 타자연습을 실행하고 함께 타자 연습을 해봐요!

1 [시작] 단추(⊞)를 클릭하고 앱 목록에서 [한글과 컴퓨터]-[한컴 타자연습]을 클릭합니다.

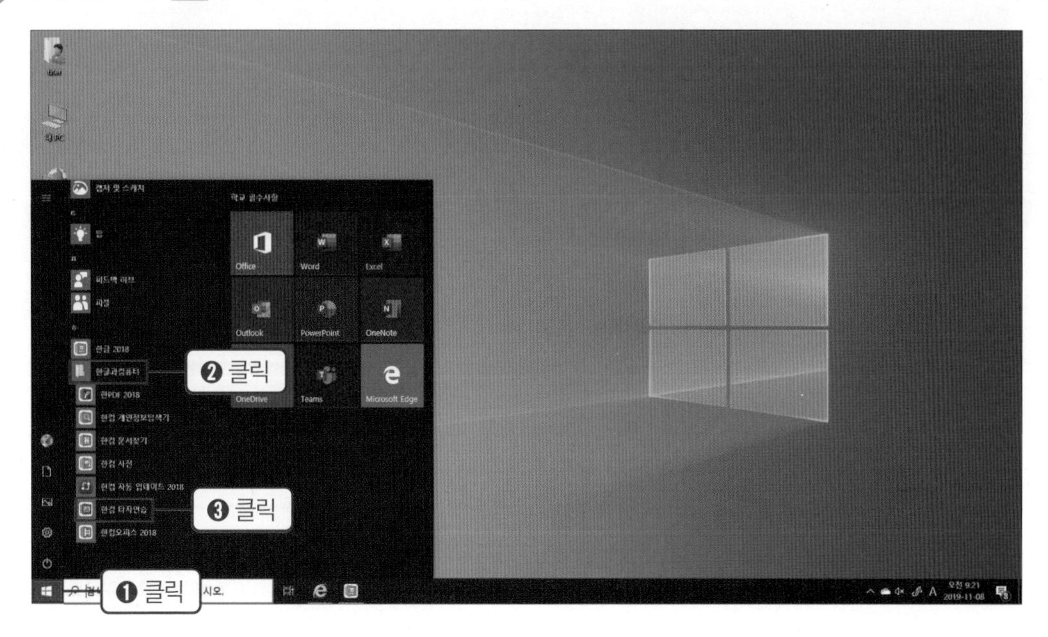

2 로그인 화면이 나타나면 [혼자하기]를 클릭하고 이어서 [시작]을 클릭합니다.

3 [자리연습] 메뉴를 클릭한 후 [1]을 클릭하고 [시작]을 클릭합니다. 이어서 연습 화면에 나타난 글자 순서대로 입력하며 자리연습을 해 봅니다.

4 자리연습을 종료하기 위해 오른쪽 상단의 [닫기] 단추(⊠)를 클릭하고 [한컴 타자연습을 끝낼까요?] 대화 상자가 나타나면 [끝냄]을 클릭하여 한컴 타자연습을 종료합니다.

1 영문 타자 연습을 해 보세요.

메인 화면 오른쪽 하단 [설정/통계]를 클릭하고 글자판을 영어로 변경해 보세요.

2 한컴 타자연습에서 [SOS해상구조대] 게임을 실행하고 이집트에서 타자 연습을 해 보세요.

메인 화면 오른쪽 상단에서 게임을 선택해 보세요.

04장
별나라 입장권을 끊어볼까?
오늘의 미션
•[시작] 메뉴 살펴보기
•[시작] 메뉴와 앱 타일 크기 조정하기
•시작 화면 설정하기
윈도우10 시작 메뉴에는 윈도우10의 모든 기능에 접근할 수 있는 기능들이 모여 있어. 시작 메뉴만 제대로 알아도 윈도우10 별나라를 더욱 재미있게 여행할 수 있다구!
우와~ 이 많은 메뉴들은 뭐야? 빨리 시작 메뉴를 정복하고 재밌게 별나라 여행을 하고 싶어!
미션 Hint
•[시작] 메뉴 살펴보기 : [시작] 메뉴가 어떻게 구성되어 있는지 확인합니다.
•[시작] 메뉴와 앱 타일 크기 조정하기 : 마우스를 드래그하여 [시작] 메뉴의 크기를 조정하고, 마우스 오른쪽 버튼을 클릭하여 앱 타일의 크기를 조정할 수 있습니다.
•시작 화면 설정하기 : 앱 고정하기 기능을 이용하여 나만의 시작 화면을 만들 수 있습니다.

01 윈도우10 시작 메뉴를 살펴 보아요.

윈도우10의 [시작] 메뉴는 여러 영역으로 나뉘어 있고, 각 영역마다 맡은 역할도 달라요. 그럼 지금부터 [시작] 메뉴가 어떻게 구성되어 있는지 살펴볼까요?

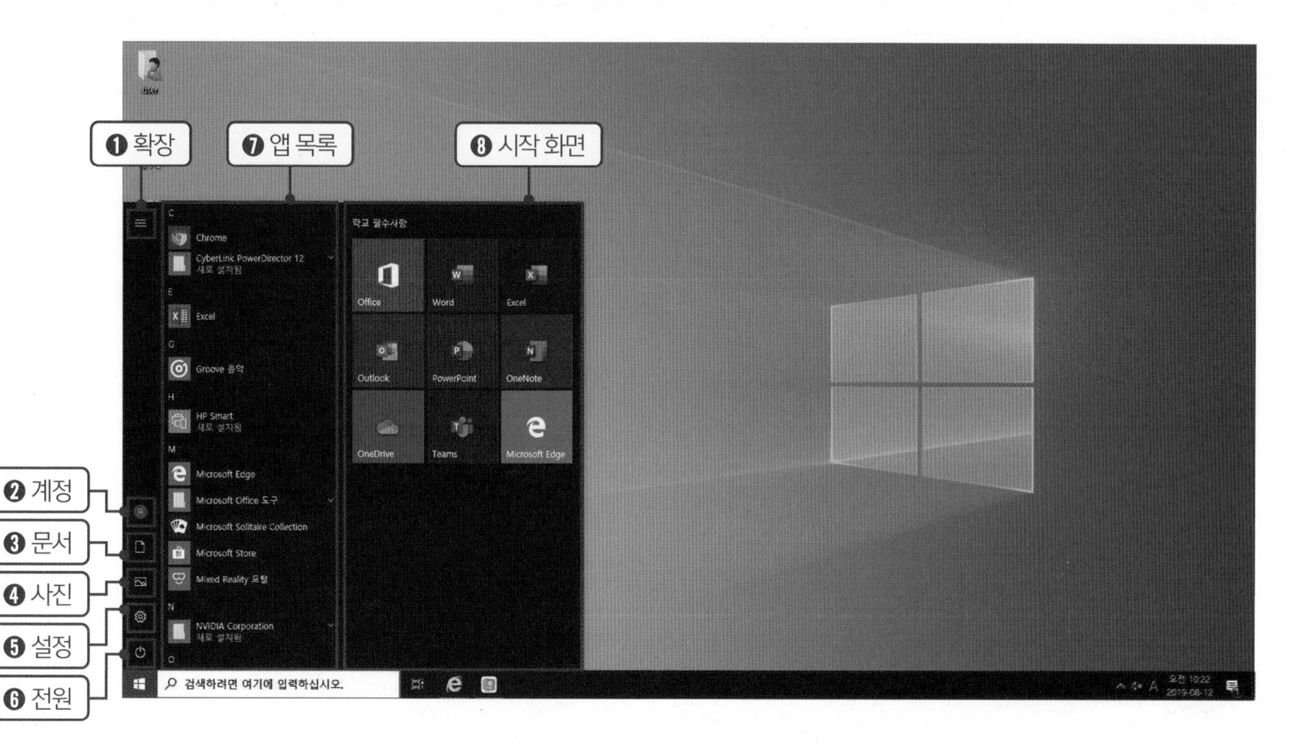

❶ [시작] 메뉴를 확장합니다.
❷ 현재 로그인 중인 사용자를 표시하며, 계정 설정을 변경하거나 계정을 잠글 수 있습니다.
❸ [문서] 폴더를 엽니다.
❹ [사진] 폴더를 엽니다.
❺ 시스템과 관련된 여러 가지 항목들을 설정할 수 있는 [설정] 창을 엽니다.
❻ 시스템을 종료하거나 다시 시작합니다.
❼ 컴퓨터에 설치된 앱들이 표시됩니다. 앱 목록의 맨 윗부분에는 최근 사용한 앱이나 자주 사용하는 앱 목록이 표시됩니다.
❽ 컴퓨터에 설치된 앱들이 타일 형식으로 표시됩니다.

시작 메뉴의 크기를 조정해 보아요.

윈도우10 별나라에서는 [시작] 메뉴의 크기를 내가 원하는 대로 조절할 수 있어요. 또 시작 화면에 표시되는 앱 타일의 크기도 바꿀 수 있답니다.

1. [시작] 단추(⊞)를 클릭하고 [시작] 메뉴의 위쪽에 마우스 포인터를 가져다 놓고 커서의 모양이 변하는 것을 확인합니다.

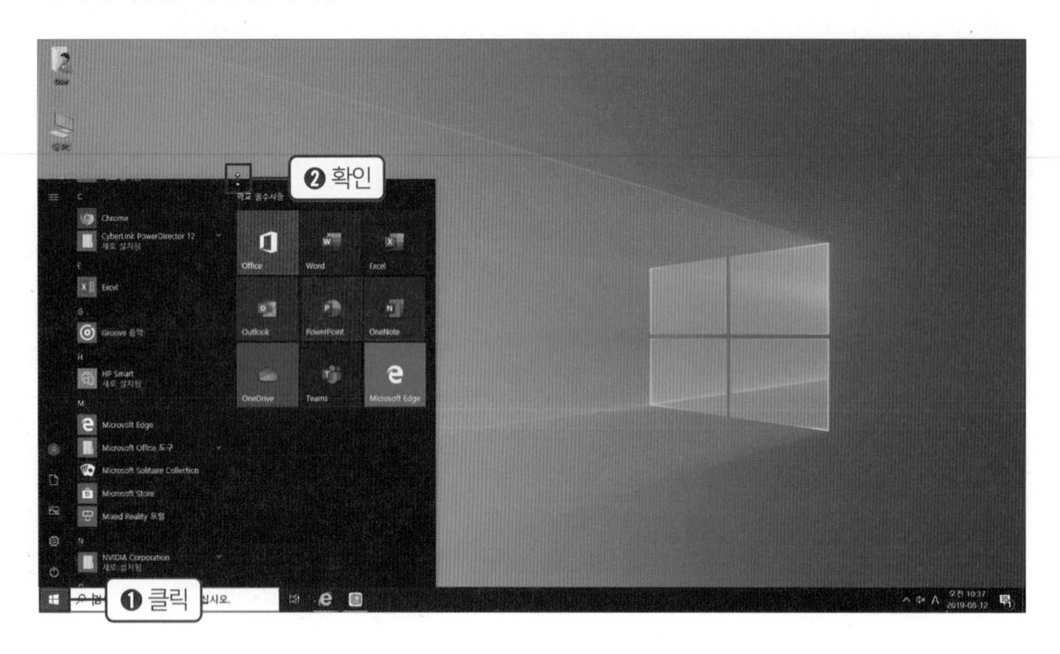

2. 마우스 포인터가 양쪽 화살표 모양(↕)으로 변했을 때 마우스 왼쪽 단추를 클릭하고 위로 드래그하여 [시작] 메뉴의 크기를 변경해 봅니다.

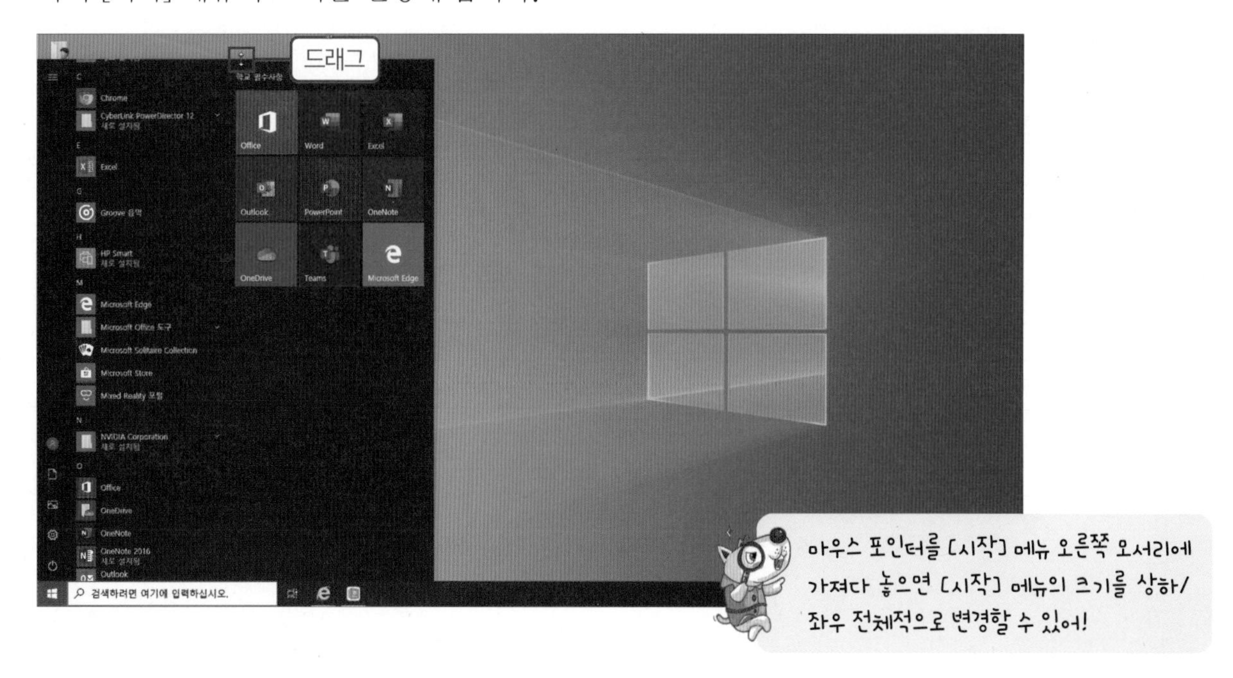

3 시작 화면의 앱 타일들 중에서 크기를 바꾸고 싶은 타일 위에서 마우스 오른쪽 단추를 클릭한 후 [크기 조정]을 클릭하고 원하는 앱 타일의 크기를 선택합니다.

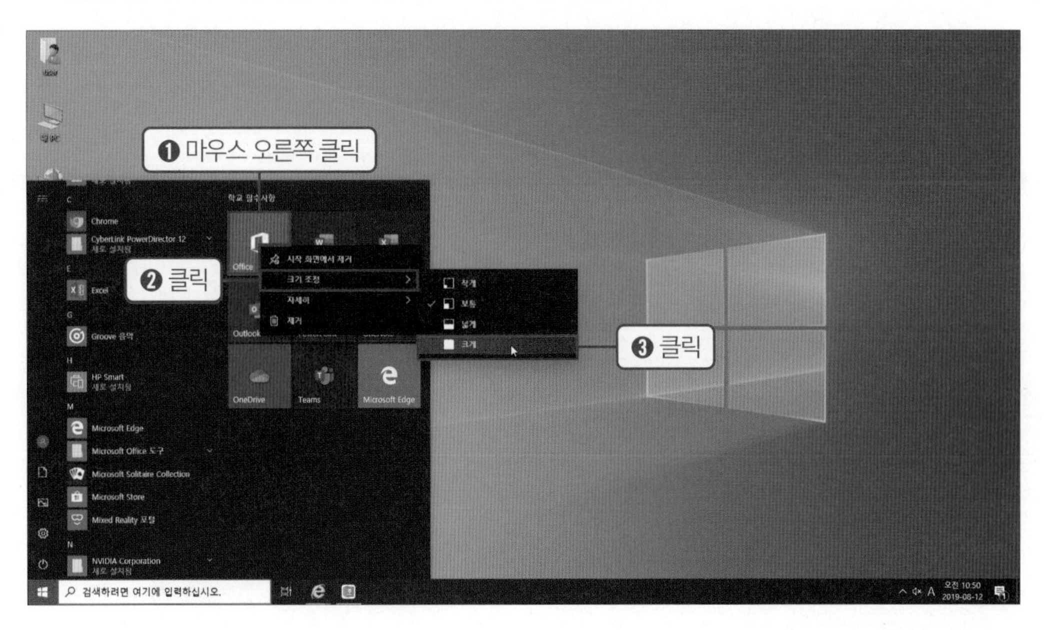

컴속 해결사

앱 타일 '크기 조절'에 대해 알아볼까요?

- 작게 : 타일의 크기가 가장 작은 크기로 표시됩니다.
- 보통 : '작게'의 타일을 2배 크기로 키울 수 있습니다.
- 넓게 : '보통'의 타일을 가로로 2배 키울 수 있습니다.
- 크게 : '보통'의 타일을 세로로 2배 키울 수 있습니다.

재미 Fun 실력 Up

01. [시작] 메뉴에서 [확장]은 어떤 역할을 담당할까요?
( )
02. 마우스 커서가 어떤 모양으로 바뀌었을 때 [시작] 메뉴의 크기를 바꿀 수 있나요?
( )
03. 앱 타일의 크기를 바꾸고 싶을 때는 어떻게 하면 되나요?
( )

03 시작 화면을 설정해 보아요.

윈도우10 시작 화면에는 자주 사용하는 앱을 고정시킬 수도 있고, 제거할 수도 있어요. 시작 화면에 앱을 고정시켜 보고 또 제거해 볼까요?

1. [시작] 단추(⊞)를 클릭하고 앱 목록에서 [Windows 보조프로그램]을 클릭합니다. 이어서 [메모장]을 마우스 오른쪽 단추로 클릭하고 [시작 화면에 고정]을 클릭하여 앱을 고정합니다.

2. 시작 화면에 고정된 [메모장] 앱을 마우스 오른쪽 단추로 클릭하고 [시작 화면에서 제거]를 클릭하여 시작 화면에서 앱을 제거합니다.

쑥쑥! 실력 키우기

1 [Windows 보조프로그램]의 [그림판] 앱을 시작 화면에 고정시켜 보세요.

2 시작 화면에 고정시킨 [그림판] 앱 타일을 '작게' 설정해 보세요.

05장
이 별에는 어떻게 들어갈 수 있어?
오늘의 미션
•[시작] 메뉴에서 앱 실행하기
•검색으로 앱 실행하기
윈도우10 별나라에는 앱이라는 별이 있어. 윈도우7 별나라에서는 프로그램이라고 부르는데, 여기서는 앱이라고 불러!
슬기야, 아까부터 앱 목록, 앱 타일 이런 말을 쓰던데 대체 앱이라는 게 뭐야?
미션 Hint
•[시작] 메뉴에서 앱 실행하기 : [시작] 메뉴의 시작 화면과 앱 목록에서 앱을 실행할 수 있습니다.
•검색으로 앱 실행하기 : 검색을 통해 앱을 실행할 수 있습니다.

01 시작 메뉴에서 앱을 실행해 보아요.

[시작] 단추를 클릭하면 [시작] 메뉴에서 시작 화면과 앱 목록들을 확인할 수 있는데, 자주 사용하는 앱들은 시작 화면에 고정시켜 놓고 빠르게 실행할 수 있어요. 그럼 [시작] 메뉴에서 앱을 실행하는 방법을 알아볼까요?

1. [시작] 단추(⊞)를 클릭한 후 나타나는 시작 화면을 확인합니다. 이어서 [그림판] 앱을 클릭합니다.

2. 앱 목록에서 앱을 시작하기 위해 [시작] 단추(⊞)를 클릭합니다. 이어서 시작 화면 왼쪽에 있는 앱 목록 중에서 [Windows 보조프로그램]–[그림판]을 클릭합니다.

02 검색으로 앱을 실행해 보아요.

설치된 앱들이 많아 앱 목록에서 필요한 앱을 찾기 어렵다면 [검색 상자]에서 앱을 검색하여 실행할 수도 있어요. [검색 상자]에서 앱을 찾아 실행해 볼까요?

1 [작업 표시줄]의 [검색 상자]를 클릭하고 입력창이 활성화되는 것을 확인합니다.

2 입력창에 '알람'을 입력하면 검색 결과에 [알람 및 시계] 앱이 나타납니다. 검색 결과를 클릭하여 [알람 및 시계] 앱을 실행합니다.

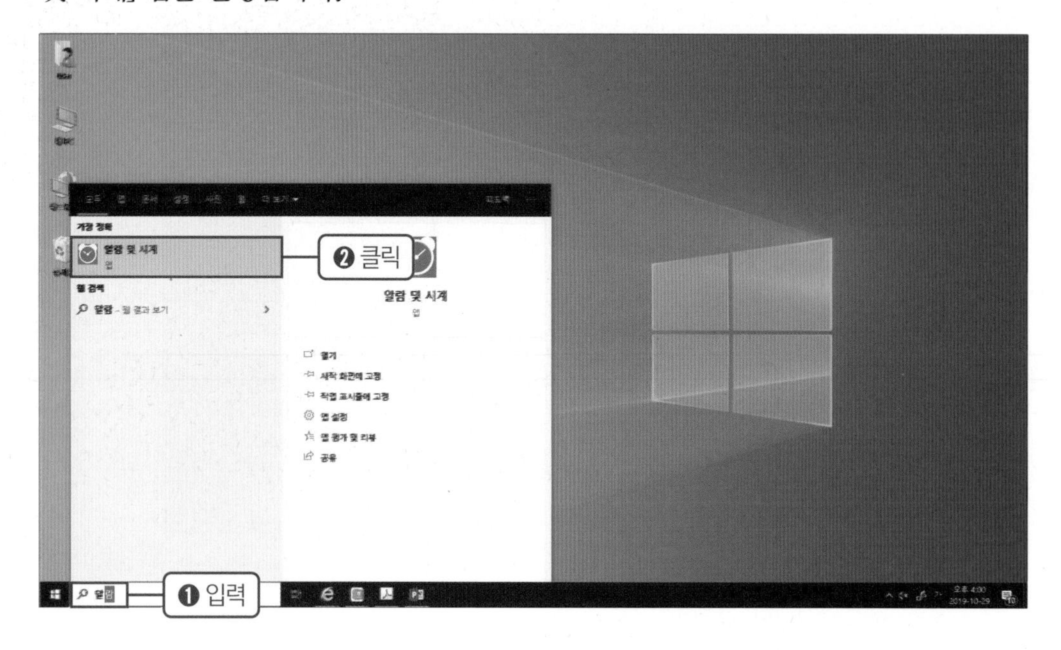

쑥쑥! 실력 키우기

1 앱 목록에서 [워드패드] 앱을 찾아 실행해 보세요.

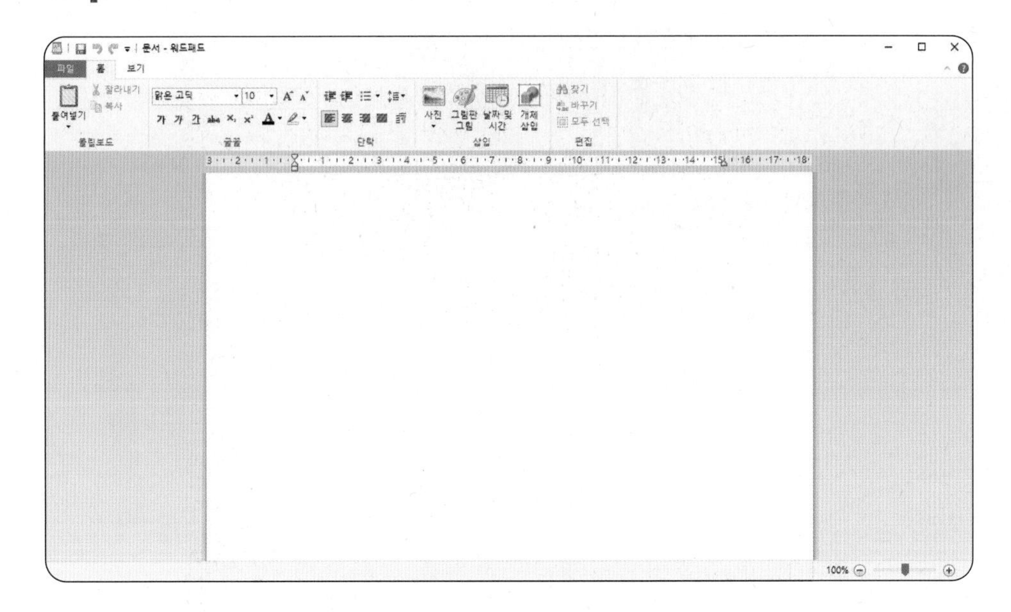

2 [검색 상자]를 이용하여 [그림판 3D] 앱을 실행해 보세요.

06장
커졌다 작아졌다 내 마음대로 별!
오늘의 미션
•창 크기 조절하기
•작업 화면 분할하기
까비야, 저기 좀 봐봐.
별들이 보였다 안 보였다, 커졌다 작아졌다 하고 있어. 어떻게 그럴 수 있냐구? 지금 바로 윈도우10 별나라에서 창 조절하는 방법을 알려줄게!
작업 표시줄에 창을 숨겼다가 다시 커지기도 하고, 어떨 땐 창이 2개가 되고 다시 하나가 되기도 하네? 너무 신기해, 슬기야!
미션 Hint
•창 크기 조절하기 : 제어 단추를 이용하면 창을 최소화, 최대화, 이전 크기로 표시할 수 있고, 드래그를 사용하면 창의 크기를 마음대로 조절할 수 있습니다.
•작업 화면 분할하기 : 2개의 앱을 오가면서 작업하려면 번거롭겠죠? 윈도우10 별나라에서는 화면을 반으로 나누어 2개의 앱을 한 번에 보면서 작업할 수 있습니다.

01 창의 크기를 바꿔 보아요.

앱을 실행했을 때 나타나는 창은 사용하지 않을 때는 작업 표시줄에 잠깐 숨겨둘 수도 있고 원하는 크기로 창의 크기를 조절할 수도 있어요. 지금부터 창의 크기를 조절하는 방법을 배워 볼까요?

1 [시작] 단추(⊞)를 클릭한 후 앱 목록에서 [Windows 보조프로그램]-[메모장]을 클릭합니다.

2 [메모장] 앱이 실행되면 창의 오른쪽 상단에 있는 [최대화] 단추(□)를 클릭하여 창을 화면에 꽉 차게 합니다.

3 최대화되어 있는 창의 크기를 이전 크기로 되돌리려면 창의 오른쪽 상단에 있는 [이전 크기로 복원] 단추(□)를 클릭합니다.

4 앱 창을 작업 표시줄에 숨겨 놓기 위해 창의 오른쪽 상단에 있는 [최소화] 단추(—)를 클릭합니다.

5 작업 표시줄에 표시되어 있는 [메모장] 아이콘( )을 클릭하면 [메모장] 앱이 활성화됩니다.

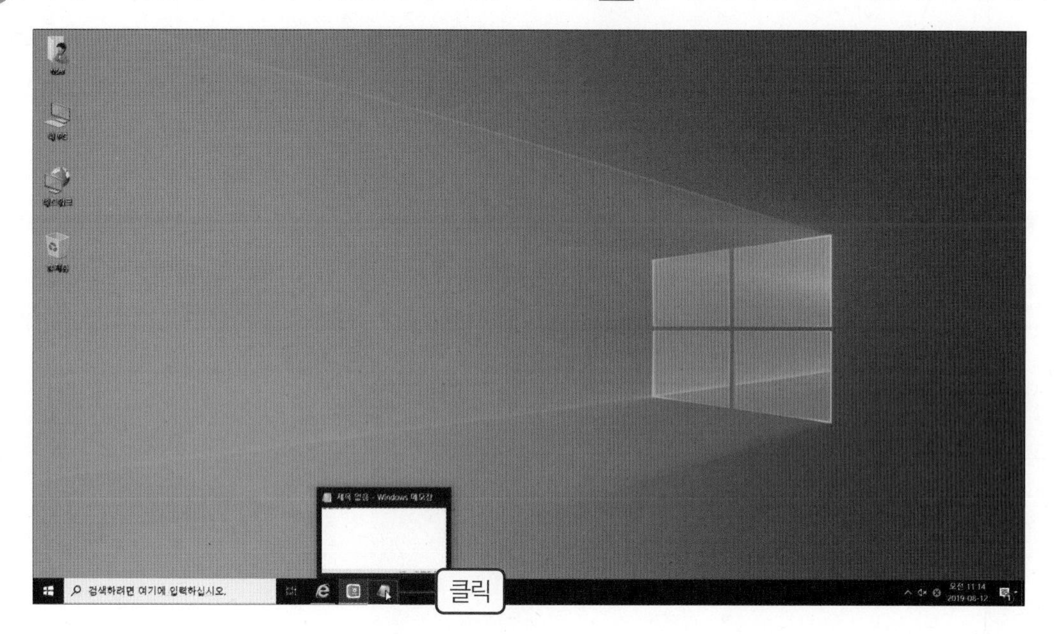

6 [메모장] 앱을 닫기 위해 오른쪽 상단에 있는 [닫기] 단추( )를 클릭합니다.

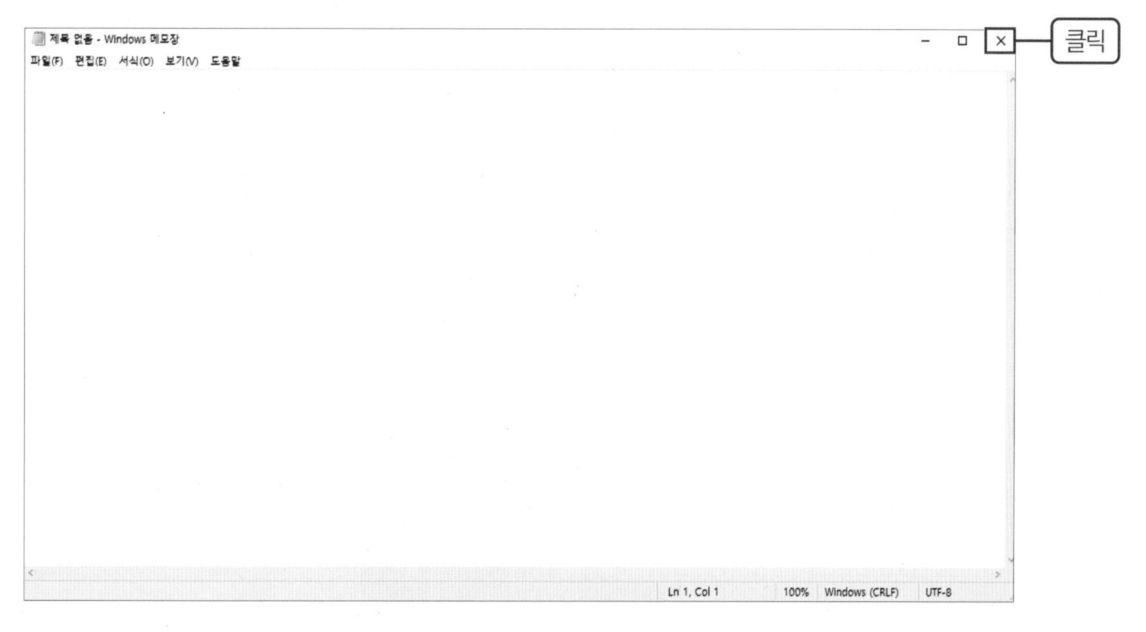

02 창의 크기를 조절해 보아요.

창이 최대화되어 있지 않다면 마우스로 창을 드래그하여 창의 크기를 조절하거나 위치를 이동시킬 수 있어요. 지금부터 창의 크기를 조절하는 방법을 알아볼까요?

1. [메모장] 앱을 실행시킨 후 앱 창의 모서리와 양옆, 위아래에 마우스 포인터를 대고 드래그하여 창의 크기를 조절합니다.

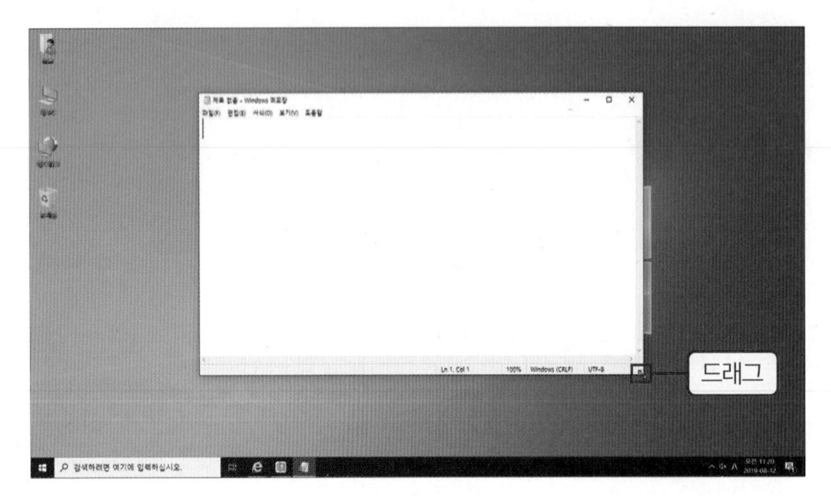

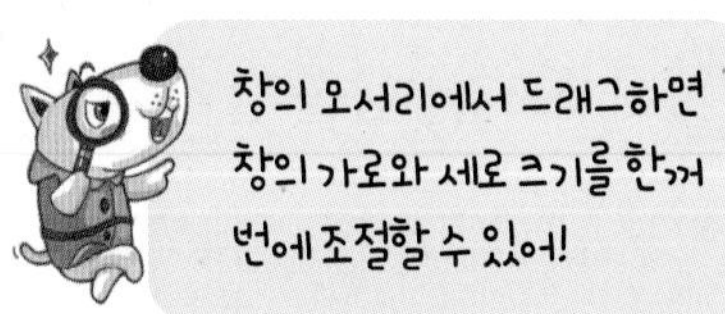

2. [메모장] 앱 창의 제목 표시줄에 마우스를 가져다 대고 드래그하여 창의 위치를 이동시킵니다.

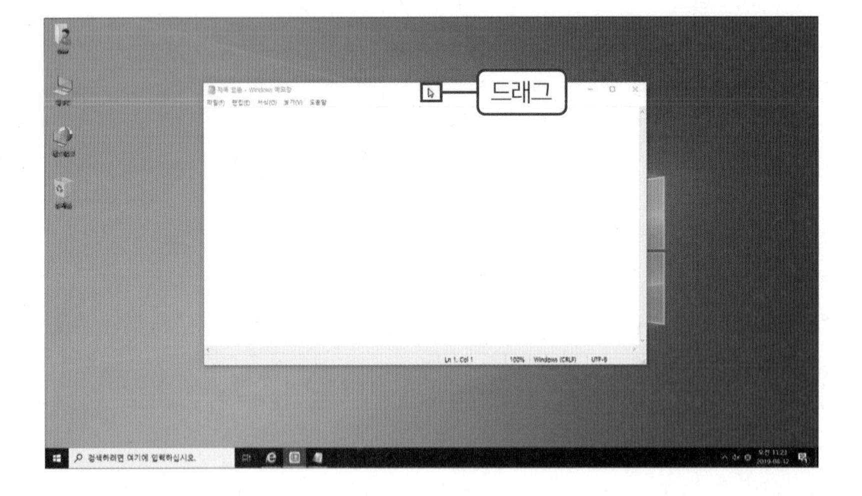

창과 관련 있는 바로 가기 키는 무엇일까요?

- Alt + Tab 을 누르면 열려 있는 창을 순서대로 또는 건너 뛰어가면서 선택할 수 있습니다.
- Alt + F4 를 누르면 사용 중인 창을 닫거나 실행 중인 프로그램을 끝낼 수 있습니다.
- ⊞ + M 을 누르면 모든 창이 최소화됩니다.
- ⊞ + Shift + M 을 누르면 최소화된 창이 모두 복원됩니다.

03 작업 화면을 좌우로 분할해 보아요.

2개의 앱을 띄워 놓고 작업해야 할 경우 앱을 왔다 갔다 하는 게 번거로울 수 있어요. 이때는 앱 창의 크기를 절반으로 나눠 사용하면 편하게 작업을 할 수 있답니다.

1. [그림판]과 [메모장] 앱을 실행시킨 후 [그림판] 앱 창의 제목 표시줄을 클릭한 상태에서 바탕 화면의 왼쪽 가장자리에 마우스 포인터가 닿을 때까지 드래그합니다. [그림판] 앱 창 뒤쪽에 바탕 화면 크기 반 정도의 투명한 창이 나타나면 마우스 단추에서 손을 뗍니다.

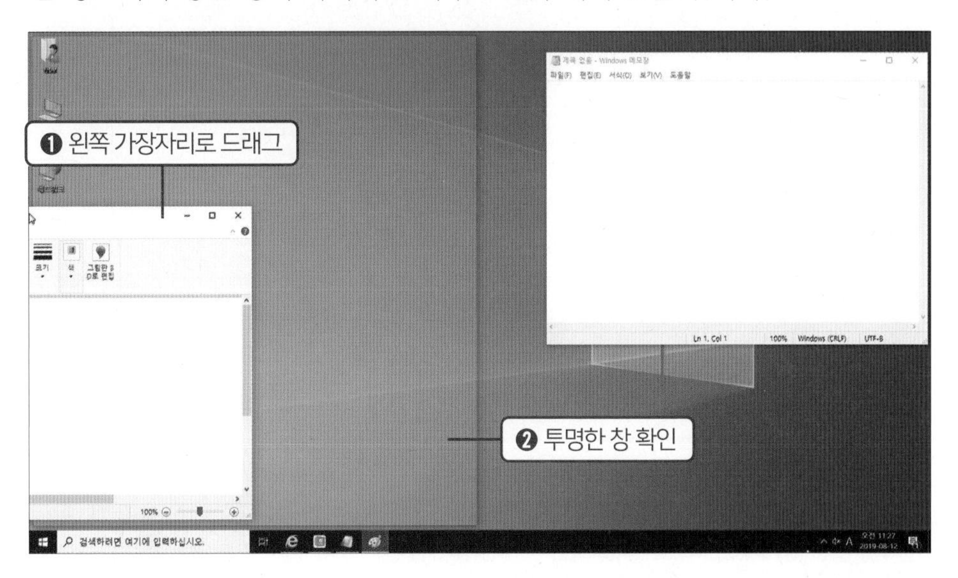

2. [그림판] 앱 창이 화면의 반을 차지하면서 오른쪽에 [메모장] 앱과 실행 중인 작업들이 작게 표시됩니다. 이때 [메모장] 앱을 클릭하면 [메모장] 앱 창이 나머지 절반 화면을 채웁니다.

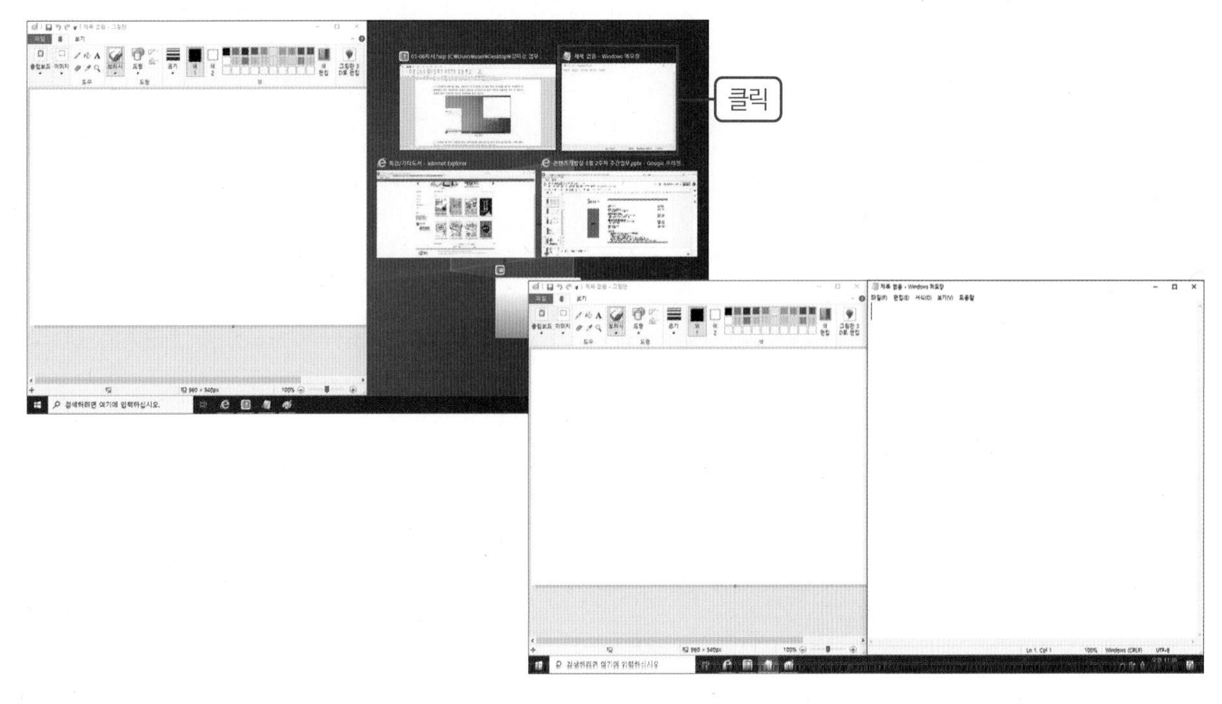

쑥쑥! 실력 키우기

1 [메모장], [그림판], [휴지통] 앱을 열고 다음과 같이 창을 배열해 보세요.

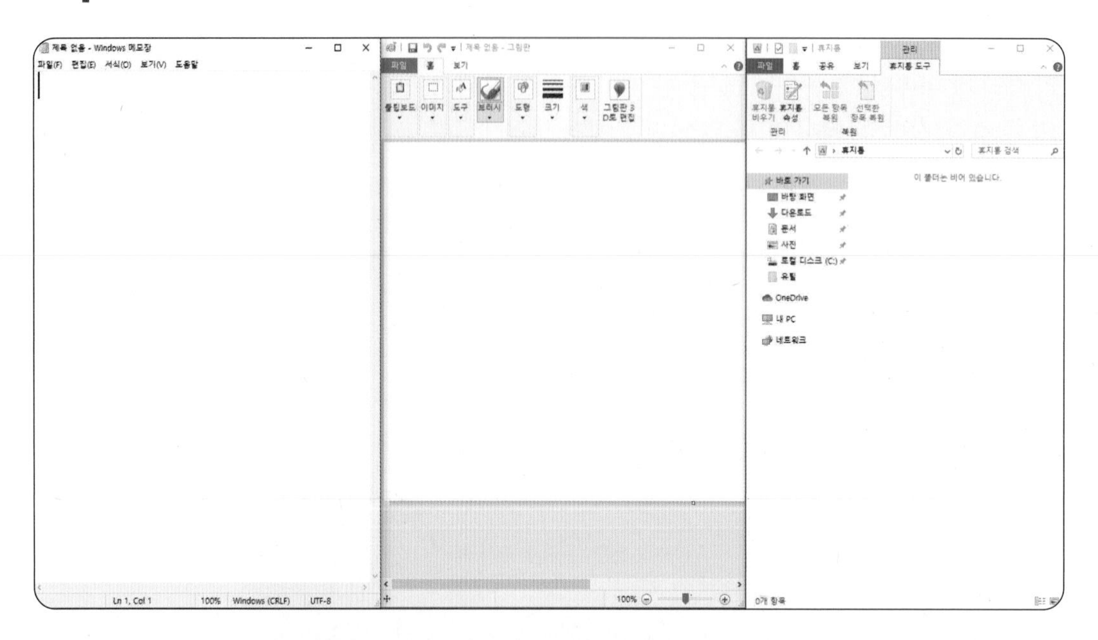

Hint 작업 표시줄에서 마우스 오른쪽 단추를 클릭한 후 바로가기 메뉴의 [창 세로 정렬 보기]를 클릭하여 배열해 보세요.

2 화면에 표시되어 있는 창의 위치와 크기를 조절하여 그림처럼 배치해 보세요.

07장 별나라 정보는 내가 보여주지!

오늘의 미션

- 작업 표시줄 살펴보기
- 작업 표시줄 크기 조절하기
- 작업 표시줄 자동 숨기기

미션 Hint

- **작업 표시줄 살펴보기** : 작업 표시줄에 표시되는 각 정보에 대해 살펴봅니다.
- **작업 표시줄 크기 조절하기** : 작업 표시줄은 바탕 화면 아래쪽에 위치해 있지만 크기를 조절할 수도 있고, 위치를 조절할 수도 있습니다.
- **작업 표시줄 자동 숨기기** : 바탕 화면을 좀 더 넓게 사용하고 싶다면 작업 표시줄을 숨겨두었다가 필요할 때만 나타나게 할 수도 있습니다.

01 작업 표시줄을 살펴 보아요.

윈도우10 바탕 화면 아래쪽에 위치한 작업 표시줄은 단 한 줄이지만 매우 다양한 정보들을 담고 있어 유용하게 사용되는 부분이에요. 작업 표시줄에는 어떠한 정보들이 표시되는지 한 번 살펴 볼까요?

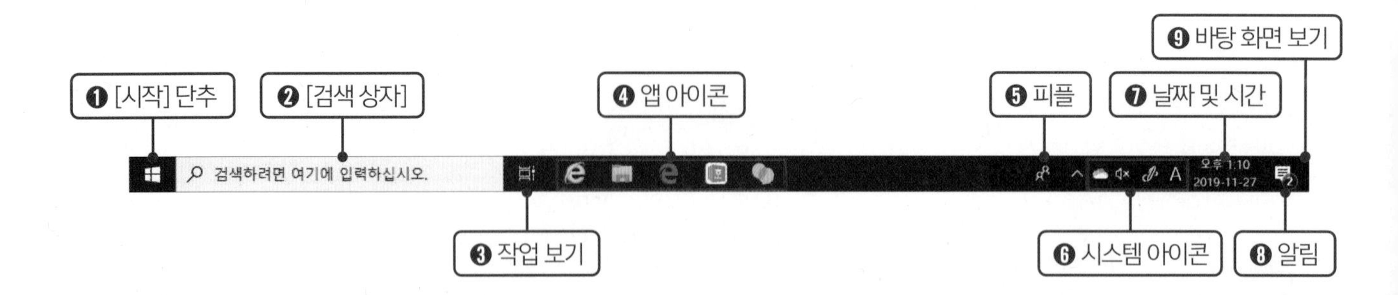

❶ [시작] 메뉴를 활성화시킵니다.
❷ 컴퓨터에 존재하는 파일이나 앱을 검색할 수 있습니다.
❸ 현재 실행 중인 앱들을 한 화면에 표시합니다.
❹ 현재 실행 중인 앱의 아이콘이나 작업 표시줄에 추가된 앱 아이콘들이 표시됩니다.
❺ 메일이나 SNS에 등록된 연락처를 관리하는 앱으로, 작업 표시줄에 자주 사용하는 연락처를 고정할 수 있습니다.
❻ 윈도우10에서 기본으로 표시되는 시스템 아이콘이 표시됩니다.
❼ 현재의 날짜와 시간이 표시됩니다.
❽ 앱이나 시스템의 알림 사항이 표시됩니다.
❾ 바탕 화면 보기 단추를 클릭하면 현재 열려 있는 창들이 모두 최소화되면서 바로 바탕 화면을 볼 수 있습니다.

02 작업 표시줄을 숨겨 보아요.

작업 표시줄은 기본적으로 바탕 화면 하단에 항상 표시되지만 바탕 화면을 더 넓게 사용하고 싶을 땐 작업 표시줄을 숨겼다가 필요할 때만 나타나게 할 수도 있어요.

1. 작업 표시줄의 빈 공간에서 마우스 오른쪽 단추를 클릭하여 나타나는 메뉴 중에서 [작업 표시줄 설정]을 클릭합니다.

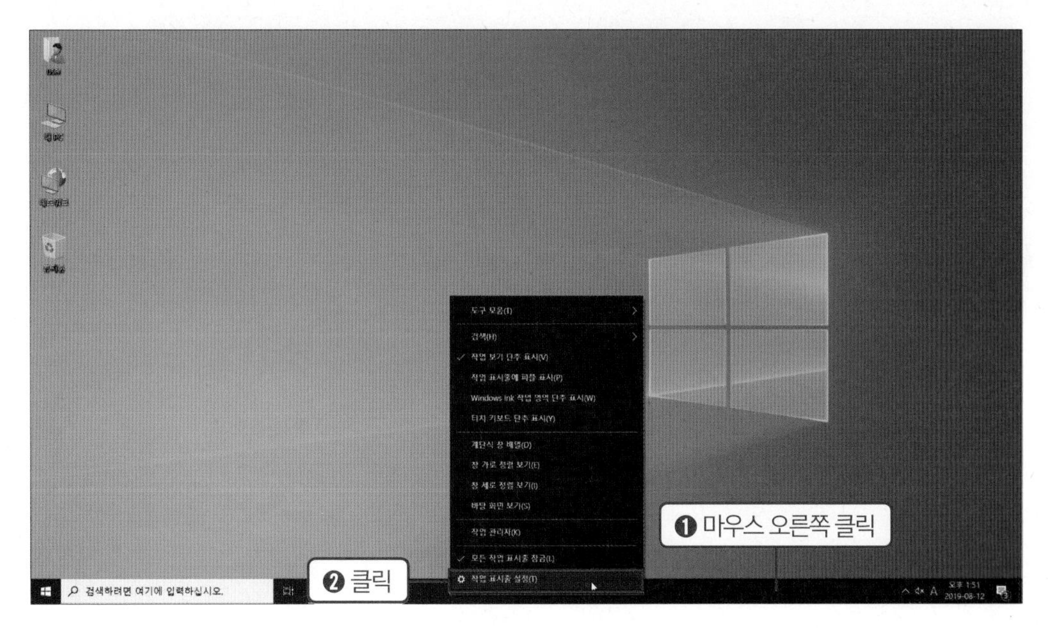

2. [데스크톱 모드에서 작업 표시줄 자동 숨기기] 항목에서 '끔'을 '켬'으로 바꾸면 작업 표시줄이 사라지는 것을 확인할 수 있습니다.

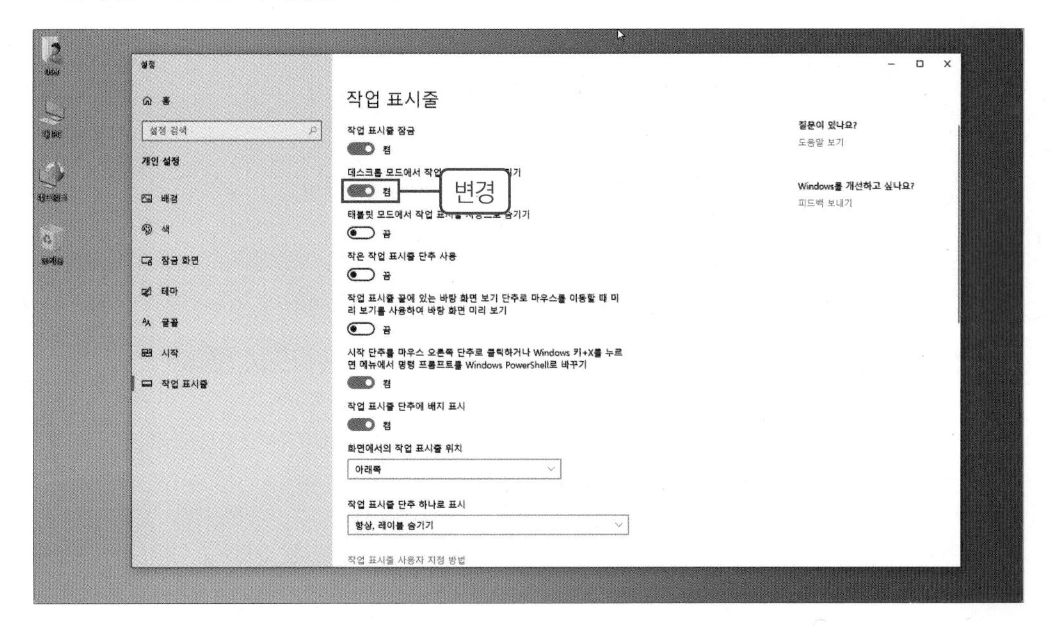

3 작업 표시줄이 사라진 바탕 화면에서 마우스 포인터를 바탕 화면 아래쪽으로 움직이면 사라졌던 작업 표시줄이 다시 나타납니다.

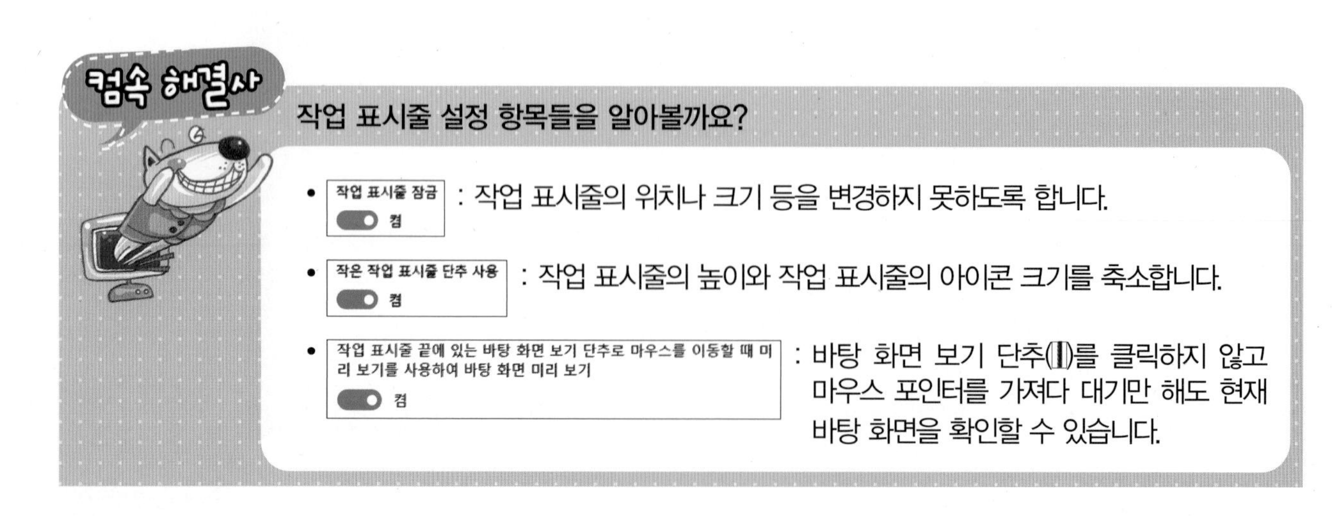

03 작업 표시줄의 크기와 위치를 바꿔 보아요.

작업 표시줄은 기본적으로 바탕 화면 하단에 표시되지만 원하는 대로 크기와 위치를 변경할 수도 있어요. 작업 표시줄의 크기와 위치를 변경해 볼까요?

1. 작업 표시줄의 경계선에 마우스 포인터를 가져다 대고 마우스 포인터가 ↕ 모양으로 바뀌면 마우스 왼쪽 단추를 클릭한 상태로 위쪽으로 드래그합니다.

작업 표시줄의 크기를 최대로 키우면 바탕 화면의 절반 크기까지 크게 할 수 있어!

작업 표시줄의 크기를 변경할 수 없다구요?

작업 표시줄의 크기를 변경하려고 작업 표시줄 경계선에 마우스 포인터를 가져다 댔는데 마우스 포인터의 모양이 변하지 않는다구요? 그럼 작업 표시줄 빈 공간에서 마우스 오른쪽 단추를 클릭하고 [모든 작업 표시줄 잠금] 항목에 체크되어 있는지 확인해 보세요. 체크를 해제하면 작업 표시줄의 크기를 변경할 수 있을 거예요.

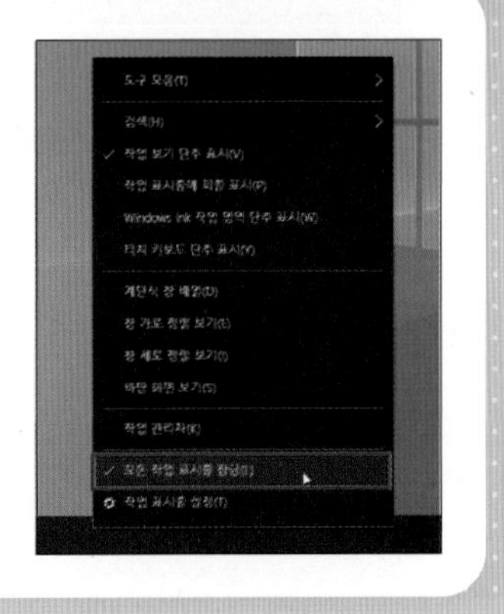

2 작업 표시줄의 위치를 변경하기 위해 작업 표시줄을 마우스 왼쪽 단추로 클릭한 상태로 오른쪽으로 드래그합니다.

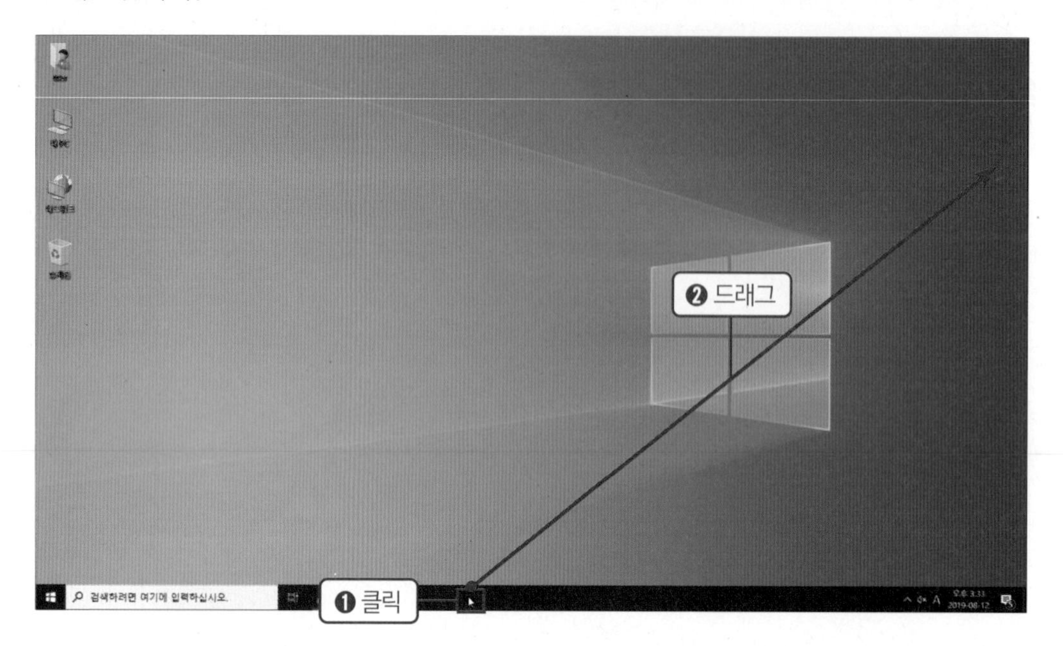

3 작업 표시줄이 화면 오른쪽으로 이동된 모습을 확인할 수 있습니다.

작업 표시줄의 위치는 바탕 화면의 위쪽, 아래쪽, 오른쪽, 왼쪽으로는 이동할 수 있지만 가운데로는 이동할 수 없어!

4 작업 표시줄의 위치를 다른 방법으로 이동시키기 위해 작업 표시줄의 빈 공간에서 마우스 오른쪽 단추를 클릭한 후 [작업 표시줄 설정]을 클릭합니다.

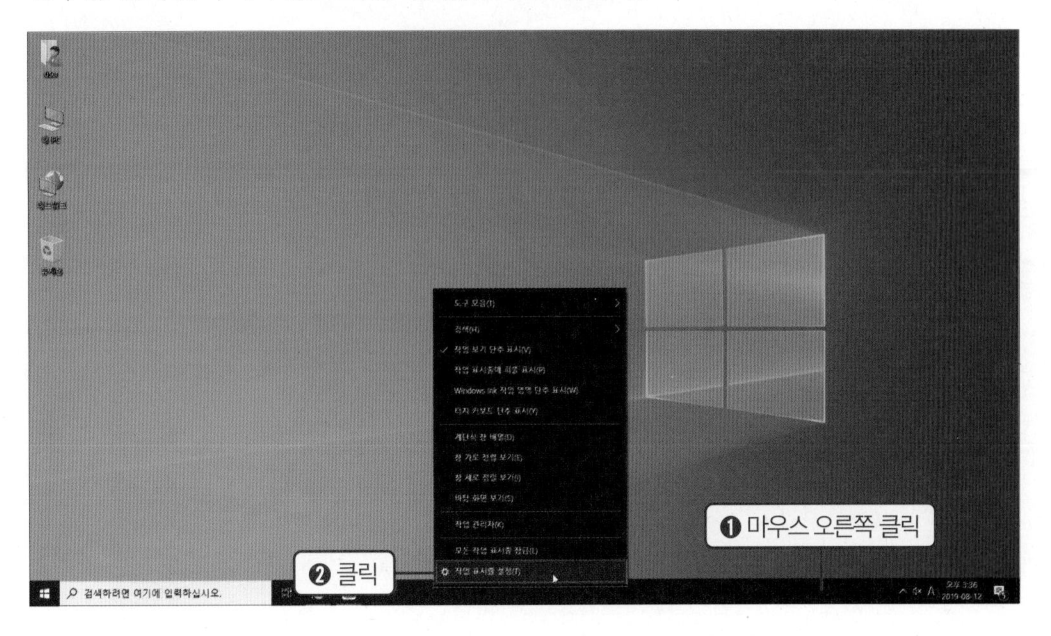

5 [화면에서의 작업 표시줄 위치] 항목의 목록을 펼친 후 원하는 작업 표시줄의 위치를 선택합니다.

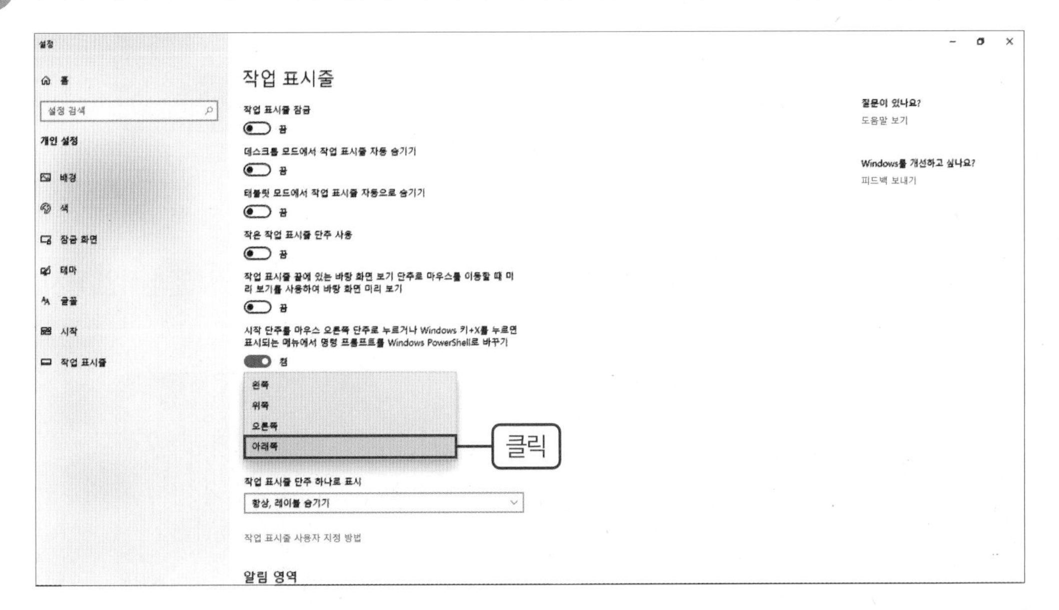

1 작업 표시줄을 위쪽으로 이동시킨 후 크기를 최대로 키워 보세요.

2 [작업 표시줄 설정]에서 [작은 작업 표시줄 단추 사용]을 '켬'으로 설정하여 작업 표시줄과 작업 표시줄의 아이콘 크기를 작게 만들어 보세요.

08장
별들을 쏙쏙 담는 별상자
오늘의 미션
•파일 탐색기 살펴보기
•파일 탐색기 실행하기
•폴더 만들기
까비야, 윈도우10 별나라에는 '파일'이라는 별들을 쏙쏙 담는 '폴더'라는 별상자가 있어. 그림판으로 그림을 그리거나 메모장에 메모를 한 다음 저장하게 되면 그 작업 내역이 '파일'로 저장되는데, 이 '파일'들이 저장되어 있는 공간을 '폴더'라고 해.
아~ '파일'이 우리가 공부하는 책이라면 '폴더'는 그 책들을 담는 책가방 역할을 하는 거구나!
미션 Hint
•파일 탐색기 살펴보기 : 파일 탐색기 각 부분의 명칭과 기능을 살펴 봅니다.
•파일 탐색기 실행하기 : 파일 탐색기를 사용하면 파일과 폴더를 더욱 쉽게 관리할 수 있습니다.
•폴더 만들기 : 필요에 따라 작업한 파일들을 정리해서 넣어둘 폴더를 새로 만들 수 있습니다.

01 파일 탐색기를 살펴 보아요.

윈도우10 별나라의 파일 탐색기는 파일과 폴더를 더욱 효율적으로 관리할 수 있도록 도와줘요. 이러한 파일 탐색기가 어떻게 구성되어 있는지 한 번 살펴 볼까요?

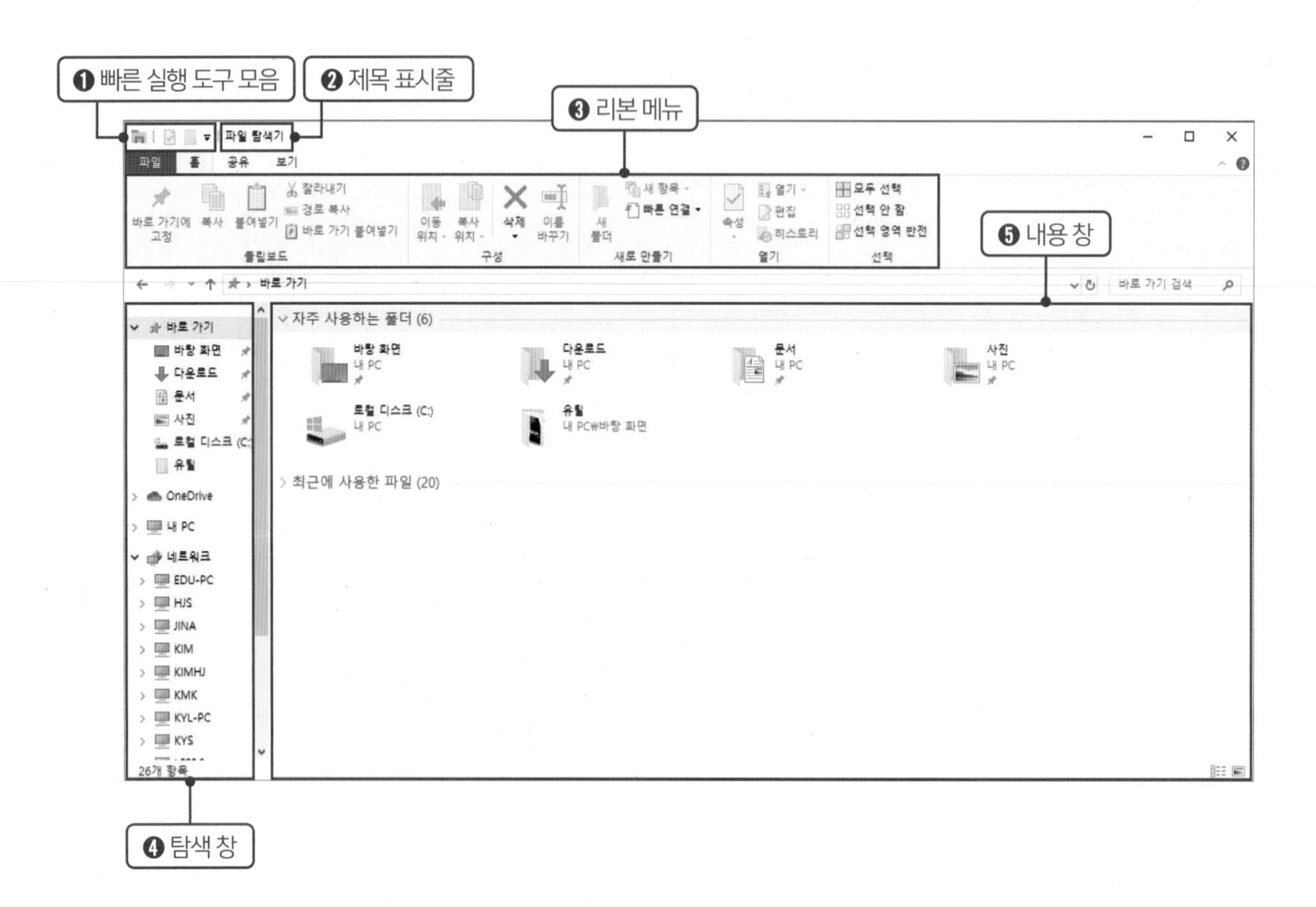

❶ 작업을 더욱 빠르게 할 수 있도록 자주 사용하는 파일 탐색기의 명령을 모아 놓습니다.

❷ 현재 파일 목록이 포함되어 있는 폴더의 이름을 보여줍니다.

❸ 주제별로 다양한 명령을 묶어 놓은 곳으로 메뉴 모음과 도구 모음을 합쳐서 보여줍니다.

❹ 바탕 화면, 라이브러리, 폴더, PC 드라이브 등을 한 번에 찾아갈 수 있도록 해줍니다.

❺ 내용 창에서 폴더를 선택하면 해당 폴더 안에 있는 파일들을 보여줍니다.

02 파일 탐색기를 실행해 보아요.

파일 탐색기는 파일과 폴더를 더욱 편리하게 관리하도록 도와주는 역할을 합니다. 파일 탐색기를 실행해 보고 파일들이 어떤 폴더에 저장되어 있는지 확인해 볼까요?

1. 작업 표시줄에서 [파일 탐색기] 아이콘( )을 클릭하여 파일 탐색기를 실행합니다.

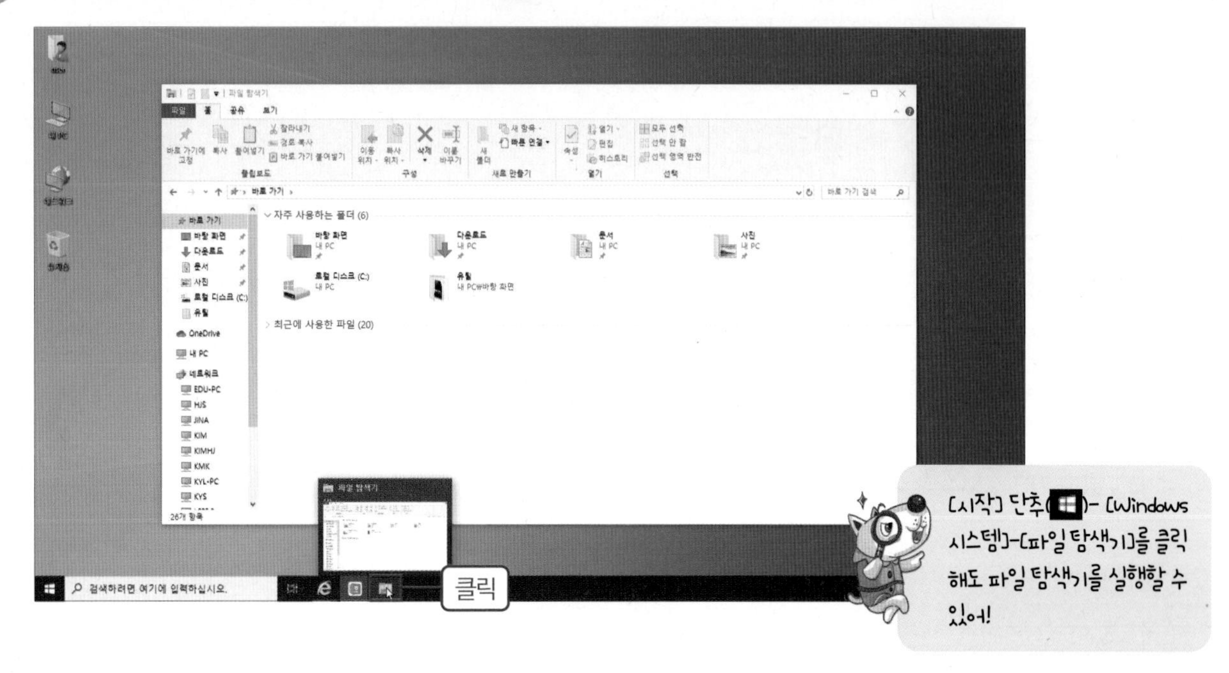

2. 파일 탐색기를 실행한 후 탐색 창에서 '내 PC/사진' 폴더를 선택합니다.

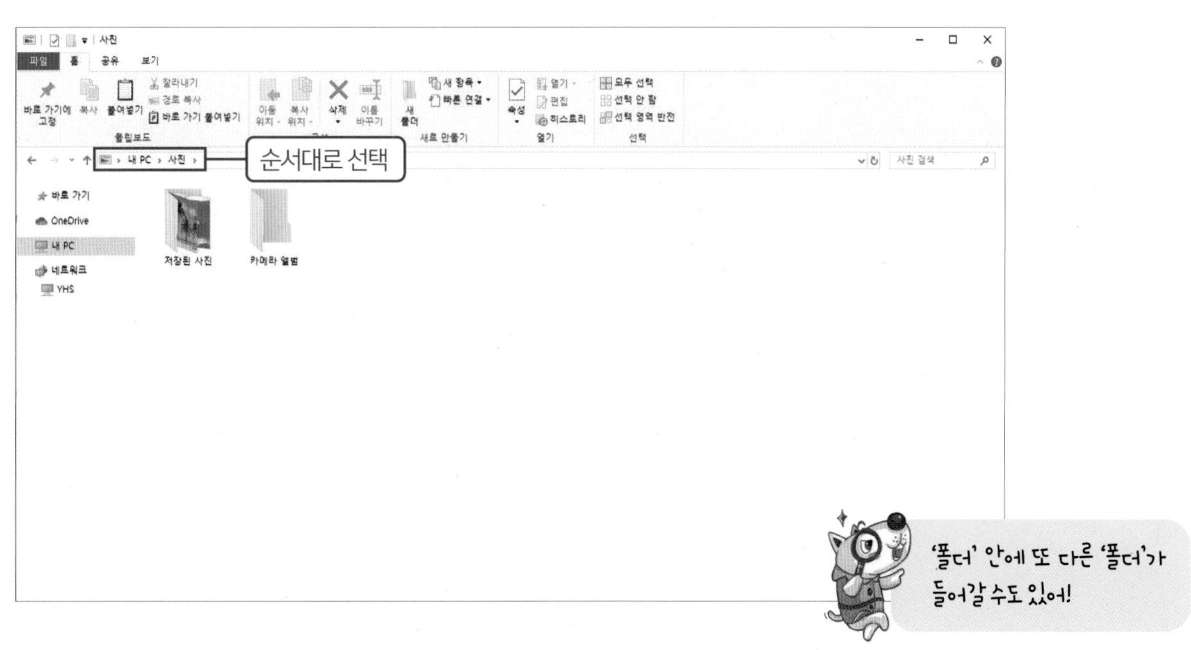

03 나만의 폴더를 만들어 보아요.

폴더는 파일들을 구분하여 보관하기 위한 상자 역할을 해요. 나에게 필요한 파일들을 다른 파일들과 구분해서 보관하기 위한 나만의 폴더를 직접 만들어 볼까요?

1. [파일 탐색기] 아이콘( )을 클릭하여 파일 탐색기를 실행한 후 탐색 창에서 '내 PC/문서'를 선택합니다.

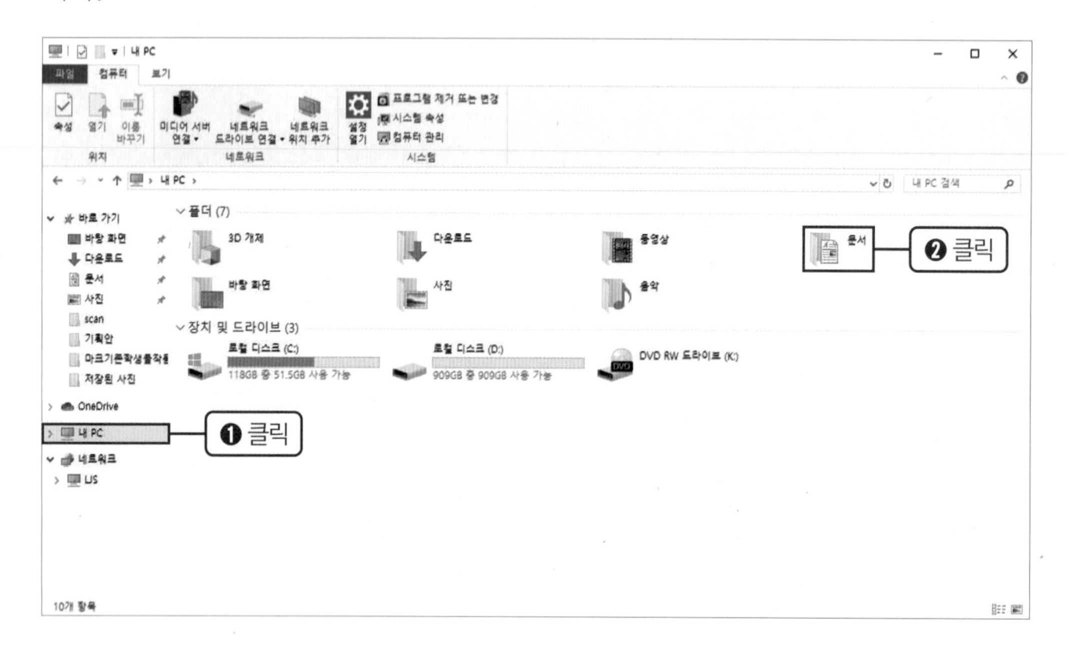

2. 창의 빈 곳에서 마우스 오른쪽 단추를 클릭하고 바로 가기 메뉴에서 [새로 만들기]-[폴더]를 클릭합니다.

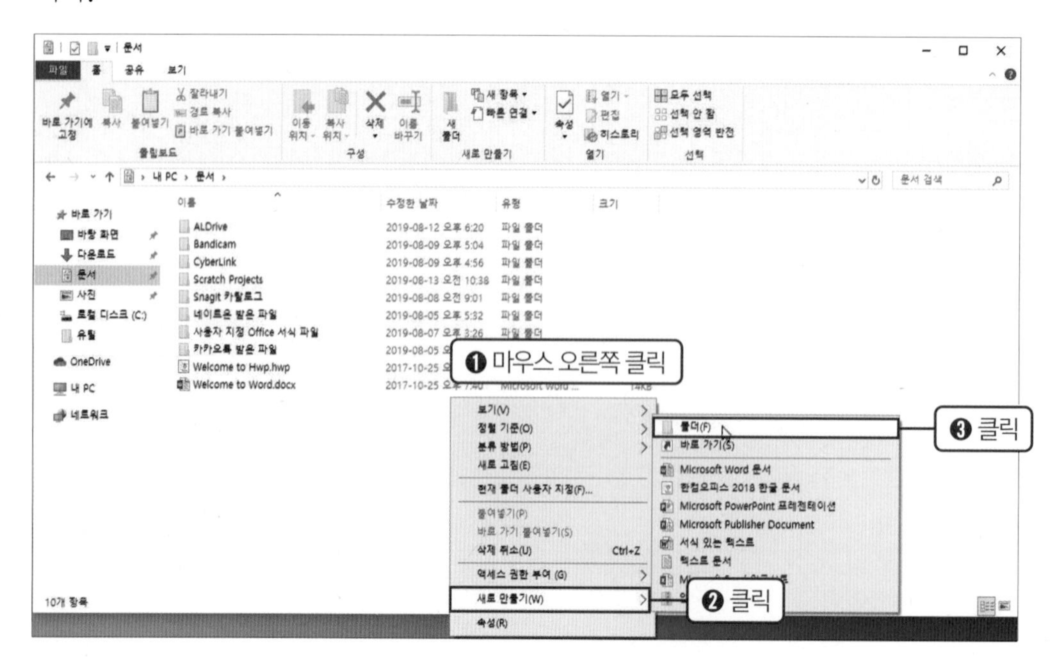

3 폴더가 만들어지고 폴더 아래에 '새 폴더'라고 표시되면 키보드를 이용하여 자신이 원하는 이름을 입력하고 Enter 를 누릅니다.

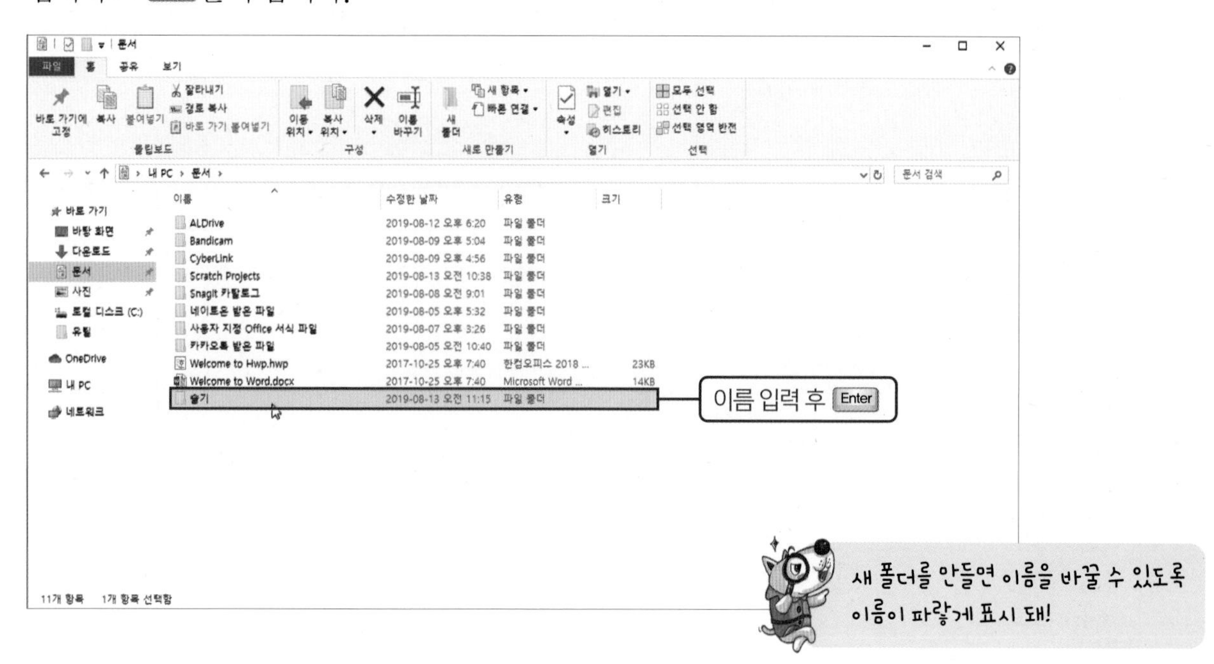

파일과 폴더를 여러 개 선택하려면 어떻게 해야 할까?

- 연속해서 파일/폴더 선택하기 : 선택할 파일/폴더를 드래그하여 영역을 잡거나 첫 번째 파일/폴더를 선택한 후 Shift 를 누른 상태로 마지막 파일/폴더를 선택합니다.
- 파일/폴더 하나씩 선택하기 : 첫 번째 파일/폴더를 선택한 후 Ctrl 을 누른 상태로 원하는 파일/폴더를 하나씩 선택합니다.
- 모든 파일/폴더 선택하기 : 해당 창에서 Ctrl + A 를 누르거나 [리본 메뉴]에서 '모두 선택'을 클릭합니다.

쑥쑥! 실력 키우기

1 '내 PC/사진' 폴더에 새 폴더를 만들고 이름을 '까비'로 변경해 보세요.

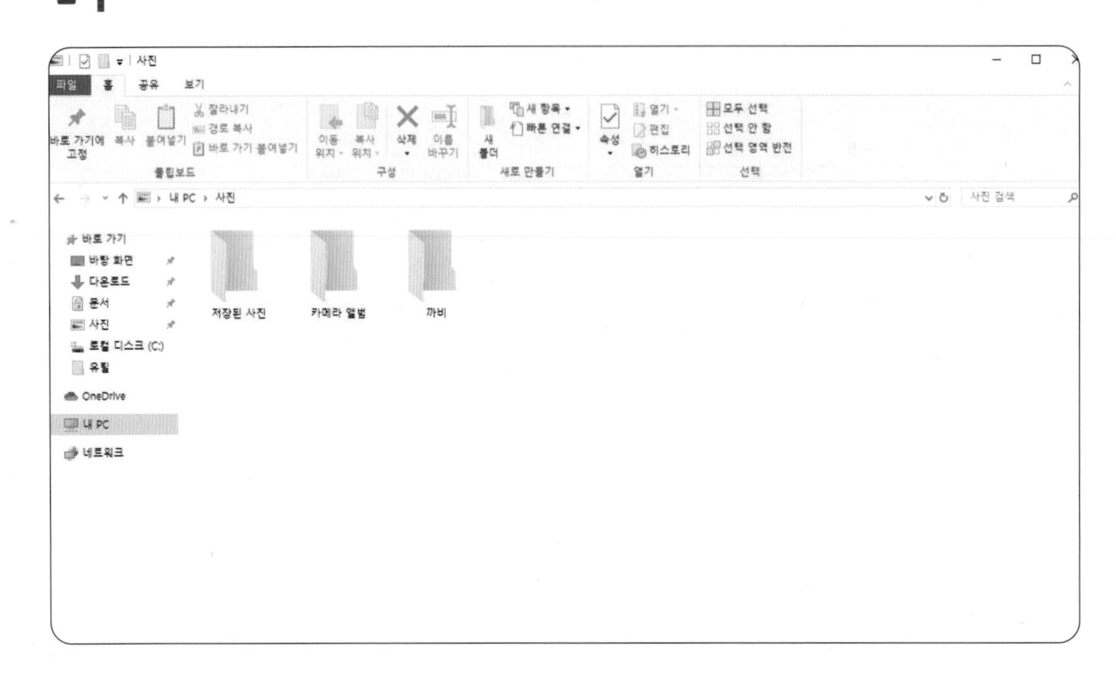

2 탐색 창에서 '내 PC/사진/저장된 사진' 폴더를 선택한 후 내용 창에서 모든 사진을 선택해 보세요.

09장 별 타고 슝슝~

오늘의 미션

- 파일 이동 및 복사하기
- 파일 삭제하고 복원하기

미션 Hint

- **파일 이동 및 복사하기** : 이동할 때는 잘라내기, 복사할 때는 복사를 바로 가기 메뉴에서 선택하고 바로 가기 메뉴에서 붙이기를 선택하면 파일을 이동 및 복사할 수 있습니다.
- **파일 삭제하고 복원하기** : 필요 없는 파일은 삭제할 수 있고, 실수로 삭제한 파일은 휴지통에서 다시 복원할 수 있습니다.

01 파일을 이동시키고 복사해 보아요.

드래그, 바로 가기 메뉴 등을 이용하여 파일을 다른 곳으로 이동시키거나 파일을 복사하여 다른 위치로 옮길 수 있어요. 그럼 바로 가기 메뉴를 이용하여 파일을 이동시키고 복사해 볼까요?

1. [파일 탐색기] 아이콘( )을 클릭하여 파일 탐색기를 실행한 후 '내 PC/사진/저장된 사진' 폴더에서 사진1, 사진2, 사진3을 선택합니다. 이어서 마우스 오른쪽 단추를 클릭한 후 바로 가기 메뉴에서 [잘라내기]를 선택합니다.

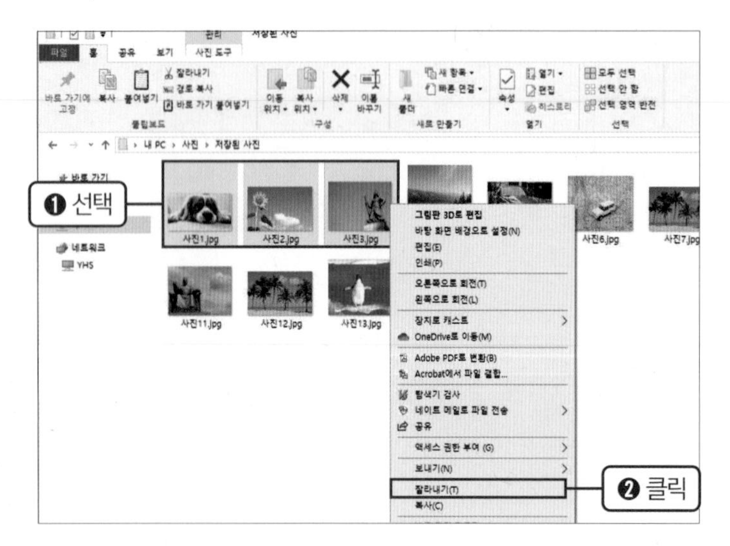

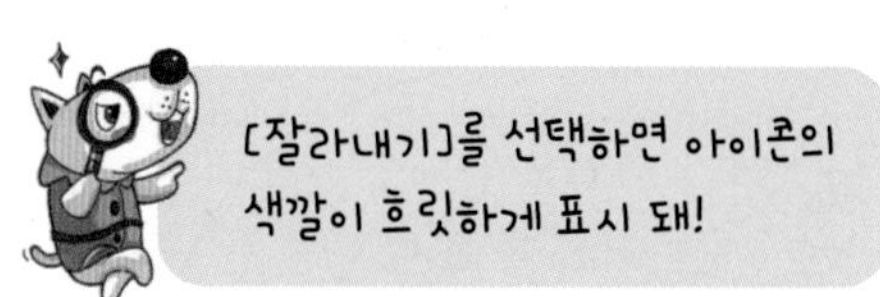

2. 내 이름 폴더를 더블클릭하여 열고 빈 공간에 마우스 포인터를 위치시킨 후 마우스 오른쪽 단추를 클릭하고 바로 가기 메뉴에서 [붙여넣기]를 선택합니다.

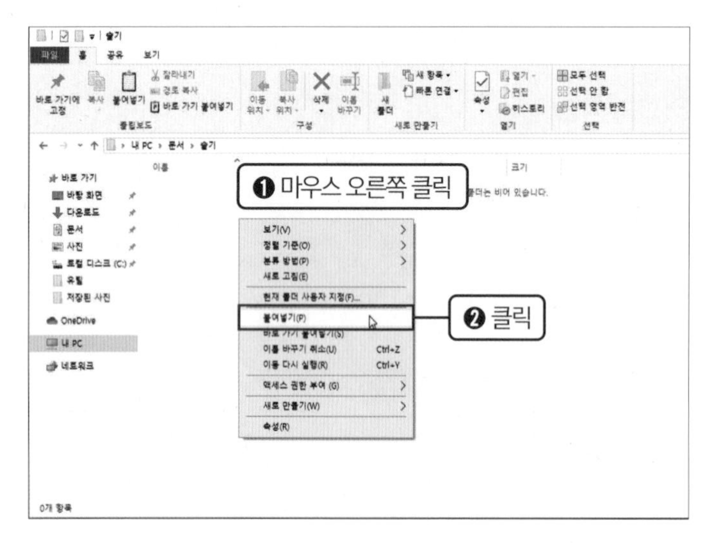

3. '내 이름' 폴더에 잘라내기 한 파일이 표시되고, '저장된 사진' 폴더에는 잘라내기 한 파일이 사라진 것을 확인합니다.

4 파일을 다른 곳으로 복사하기 위해 파일을 선택한 후 마우스 오른쪽 단추를 클릭하고 바로 가기 메뉴에서 [복사]를 선택합니다.

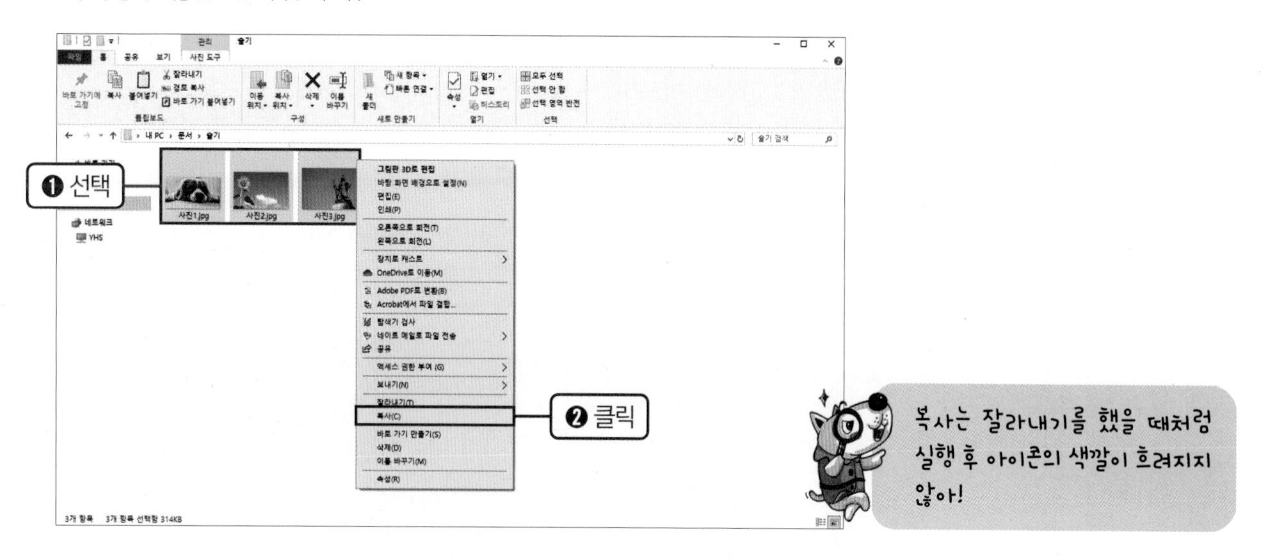

5 바탕 화면에서 마우스 오른쪽 단추를 클릭한 후 바로 가기 메뉴에서 [붙여넣기]를 선택합니다.

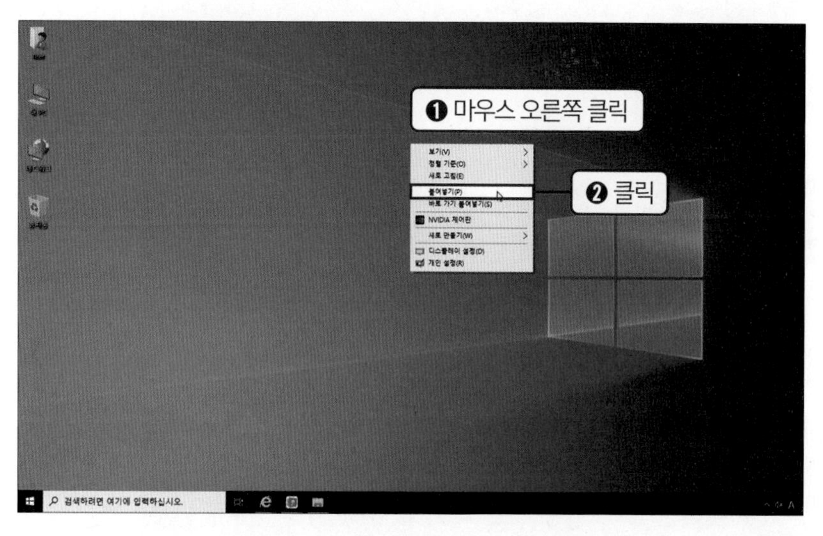

6 복사한 파일이 '내 이름' 폴더와 '바탕 화면'에 모두 표시되는 것을 확인합니다.

잘라내기, 복사하기, 붙여넣기의 단축 키를 알아볼까요?

- 잘라내기 : Ctrl + X를 누릅니다.
- 복사하기 : Ctrl + C를 누릅니다.
- 붙여넣기 : Ctrl + V를 누릅니다.

파일을 삭제하고 복원해 보아요.

컴퓨터를 사용하다 보면 더 이상 필요 없는 파일이 생길 수 있어요. 필요 없는 파일은 삭제할 수 있고, 실수로 삭제한 파일은 다시 복원할 수도 있어요. 파일을 삭제하고 복원하는 방법을 알아볼까요?

1. 바탕 화면의 '사진1, 사진2, 사진3' 파일을 선택한 후 마우스 오른쪽 단추를 클릭합니다. 이어서 바로 가기 메뉴에서 [삭제]를 클릭합니다.

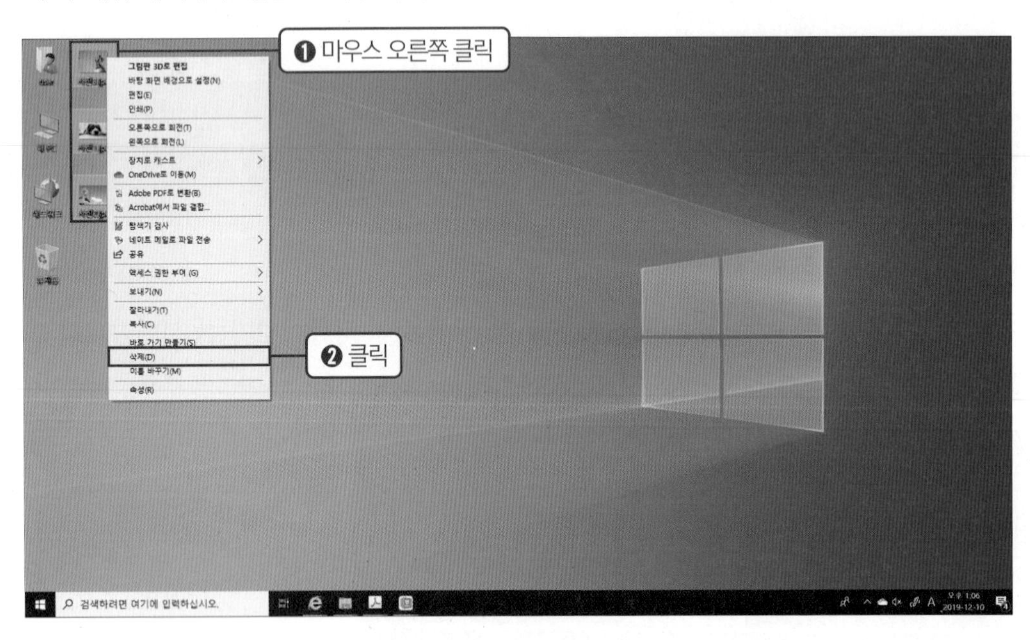

2. 바탕 화면에서 '사진1, 사진2, 사진3' 파일이 사라진 것을 확인합니다.

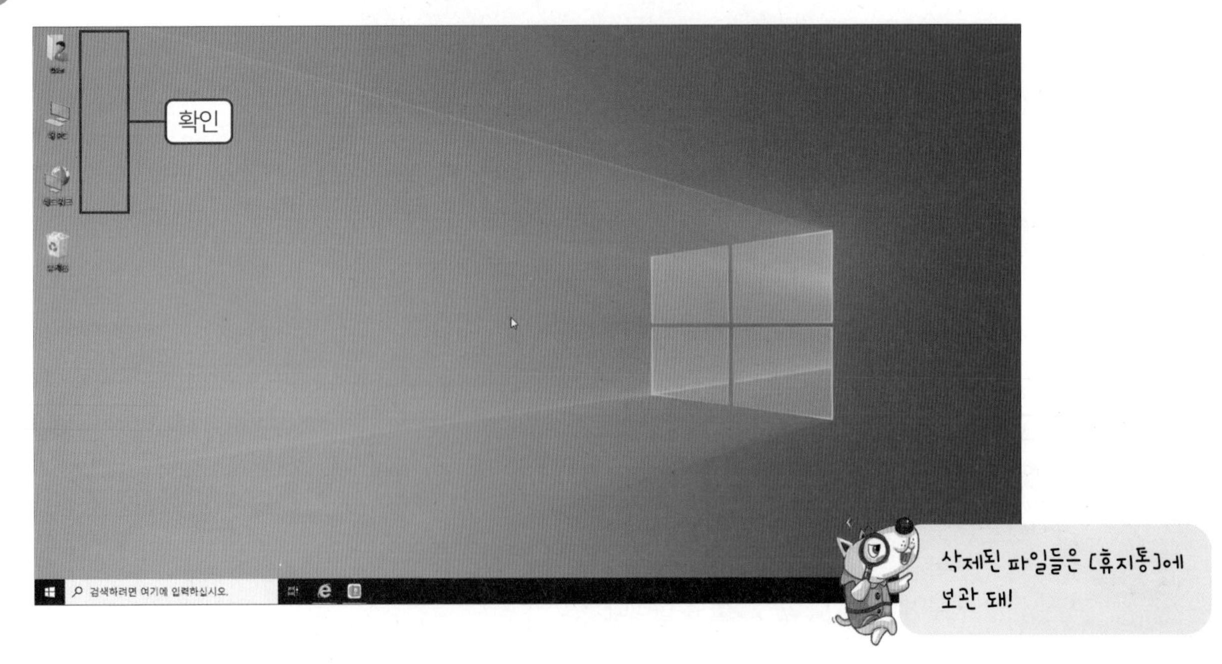

3 [휴지통] 아이콘( )을 더블클릭하여 실행한 후 마우스로 드래그하여 삭제한 '사진1, 사진2, 사진3' 파일을 선택합니다.

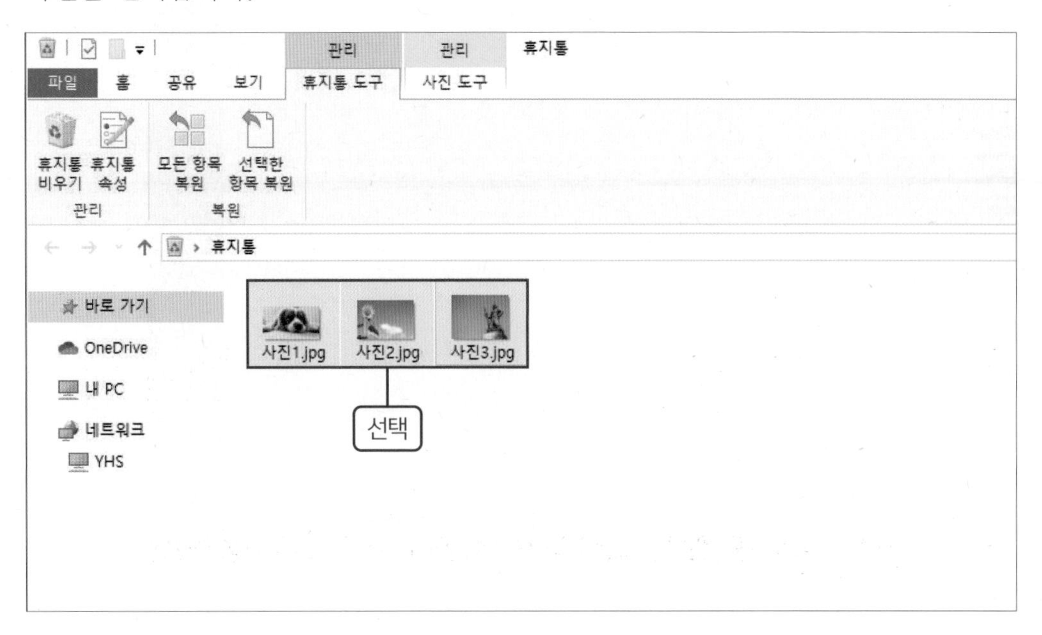

4 선택한 파일들 위에서 마우스 오른쪽 단추를 클릭한 후 바로 가기 메뉴에서 [복원]을 클릭합니다.

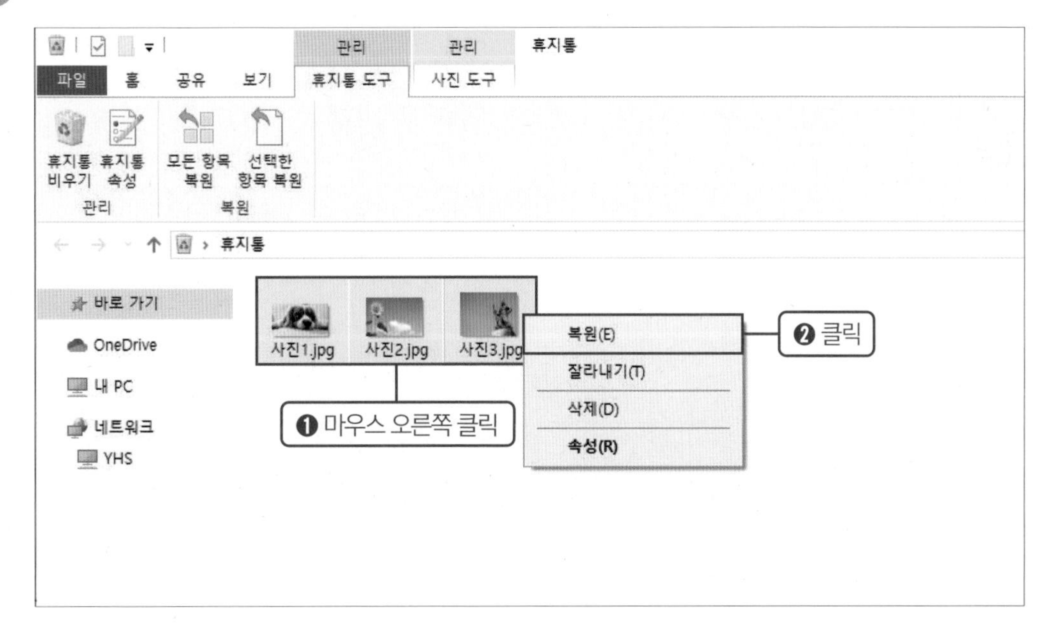

5 [휴지통]에서 '사진1, 사진2, 사진3' 파일이 사라지고 바탕 화면에 복원된 파일들이 표시됩니다.

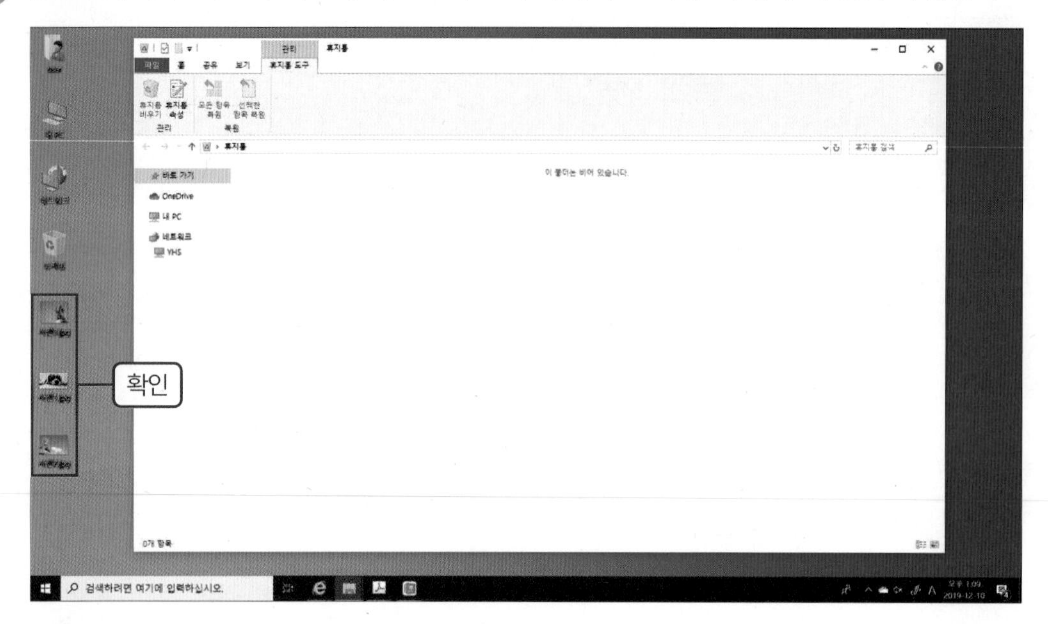

바탕 화면의 [휴지통] 아이콘은 비어 있을 때는 모양으로, 채워져 있을 때는 모양으로 표시 돼!

쑥쑥! 실력 키우기

1 '내 PC/사진' 폴더 안에 '강아지' 폴더를 만들고 '저장된 사진' 폴더 안에 있는 '사진1' 파일을 '강아지' 폴더로 복사해 보세요.

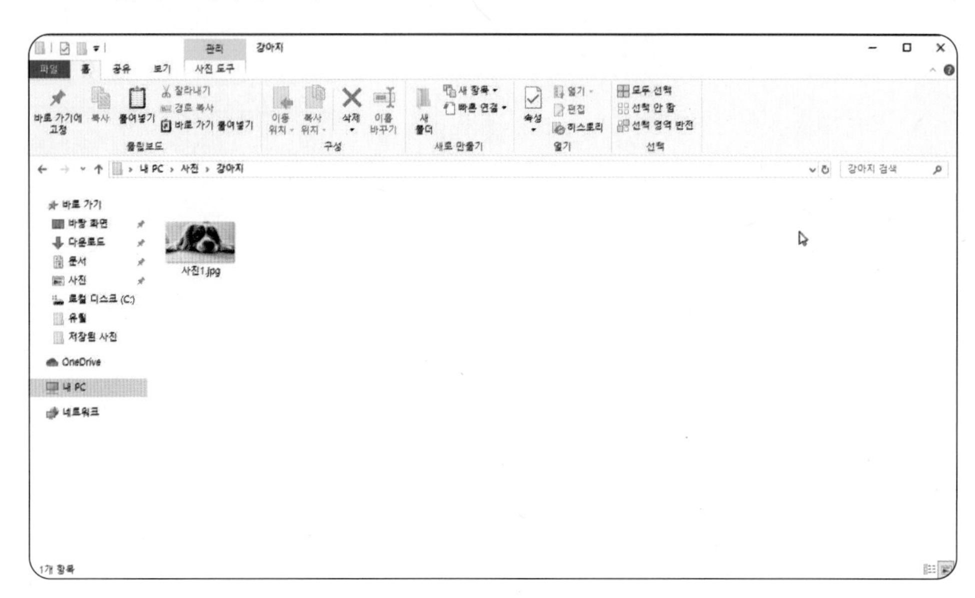

2 '강아지' 폴더 안의 '사진1'을 삭제한 후 '휴지통'에서 다시 복원시켜 보세요.

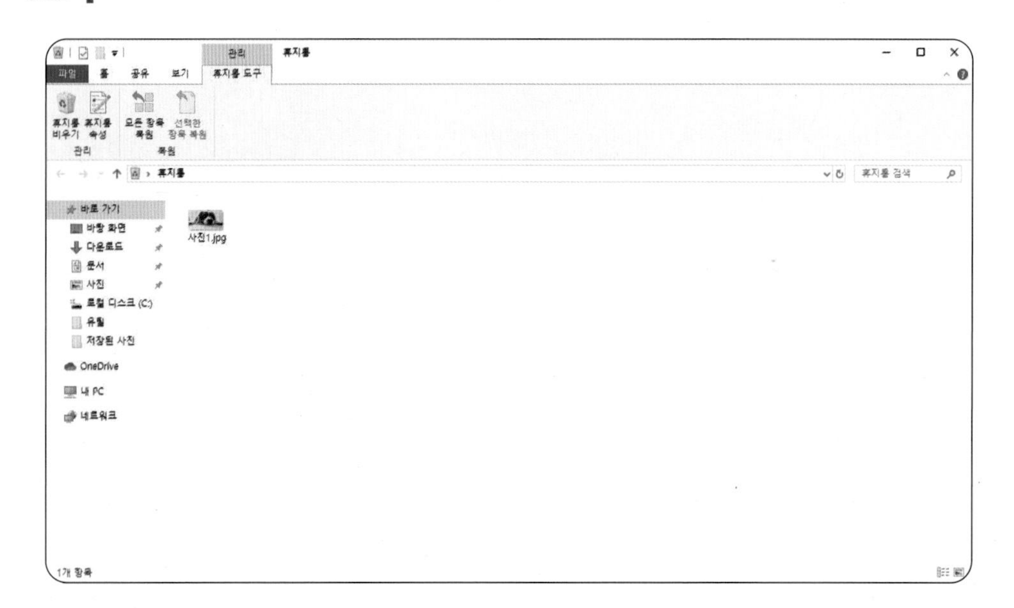

10장
꾹꾹 눌러 담아요~ 알뜰쟁이 별!
오늘의 미션
•파일 압축하기
•압축 폴더 이름 바꾸기
•압축 해제하기
까비야! 이리 와봐. 여기 알뜰쟁이 별이 있어. 바로 파일들을 압축할 수 있는 별인데, 여기선 많은 파일들을 꾹꾹 눌러 담아 별나라에서 차지하는 파일들의 용량을 줄일 수 있어!
슬기야, 여기 이 지퍼 모양은 뭐야? 아, 파일들이 꾹꾹 눌려 담겨 있는 압축 폴더를 의미하는 거구나!
미션 Hint
•파일 압축하기 : 여러 파일들을 선택한 후 zip 폴더로 압축할 수 있습니다.
•압축 폴더 이름 바꾸기 : 압축한 폴더의 이름을 변경할 수 있습니다.
•압축 해제하기 : 압축한 폴더를 해제하여 일반 폴더로 만들 수 있습니다.

파일을 압축해 보아요.

압축이란 파일의 용량을 줄이기 위한 방법으로, 윈도우10에서는 별도의 압축 프로그램 없이 zip 파일로 압축을 할 수 있어요. 그럼 압축 기능을 사용하여 파일들을 꾹꾹 압축해 볼까요?

1. [파일 탐색기] 아이콘(   )을 클릭하여 파일 탐색기를 실행한 후 '내 PC/사진/저장된 사진' 폴더에서 모든 사진을 선택합니다. 이어서 [공유] 탭을 클릭한 후 '압축(ZIP)'을 클릭합니다.

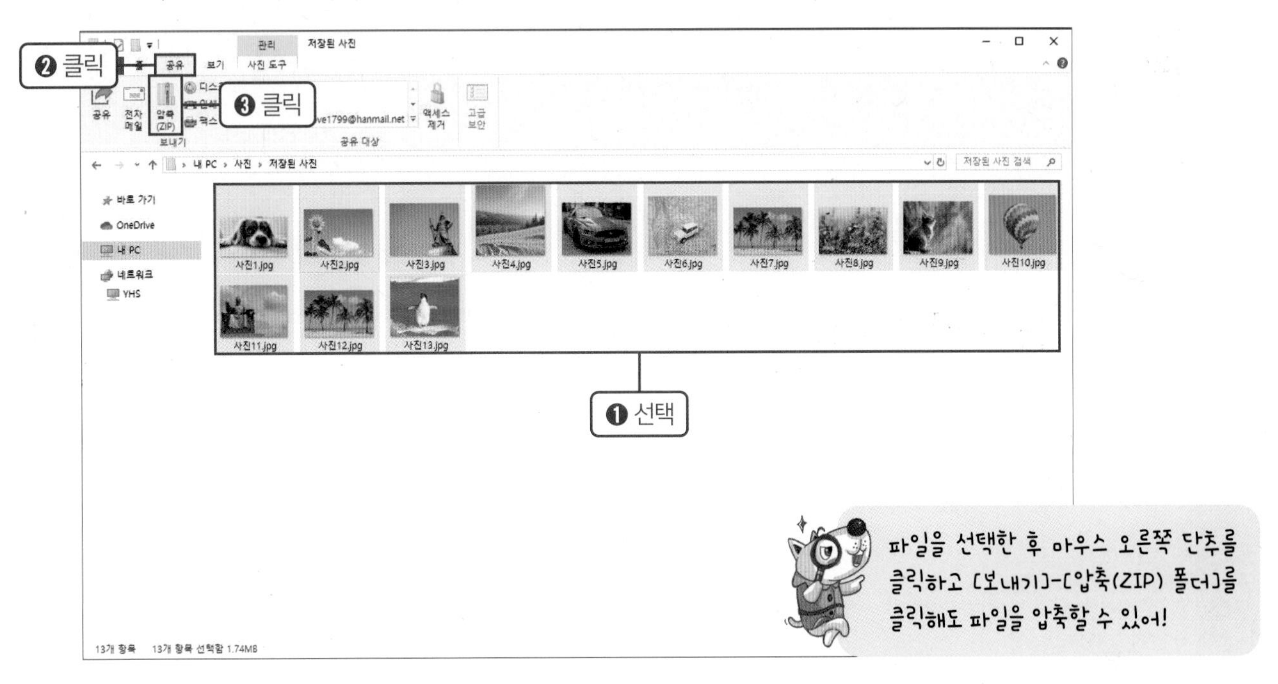

2. 지퍼가 달린 압축 폴더가 생기면 폴더의 이름을 '사진모음'으로 변경한 후 Enter 를 누릅니다.

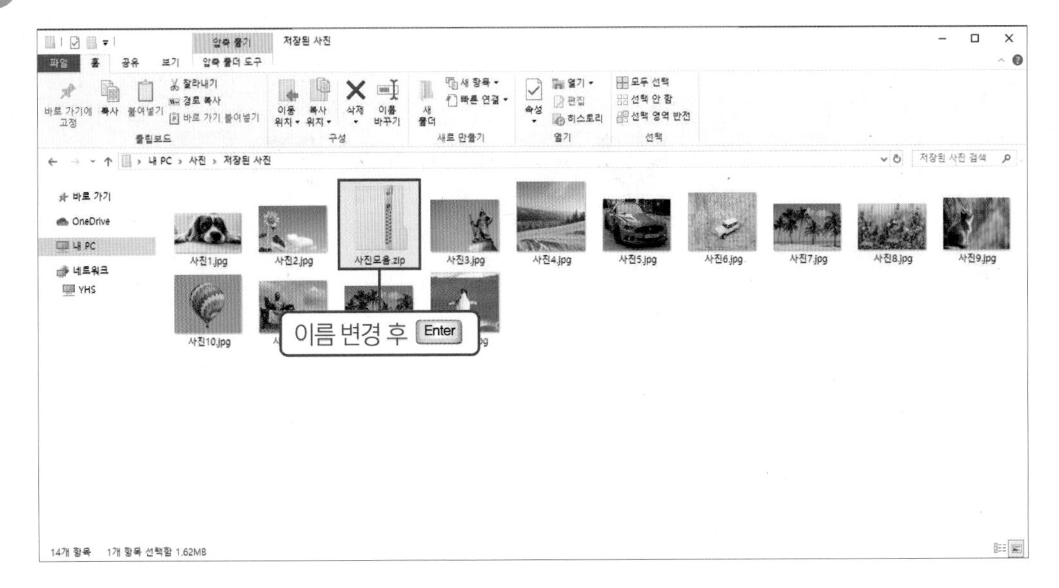

02 압축을 해제해 보아요.

압축 폴더를 해제하면 압축 폴더와 같은 이름의 일반 폴더가 만들어져요. 압축을 해제하고 파일들을 확인해 볼까요?

1. [파일 탐색기] 아이콘(   )을 클릭하여 파일 탐색기를 실행한 후 '내 PC/사진/저장된 사진' 폴더에서 '사진모음' 압축 폴더를 선택합니다.

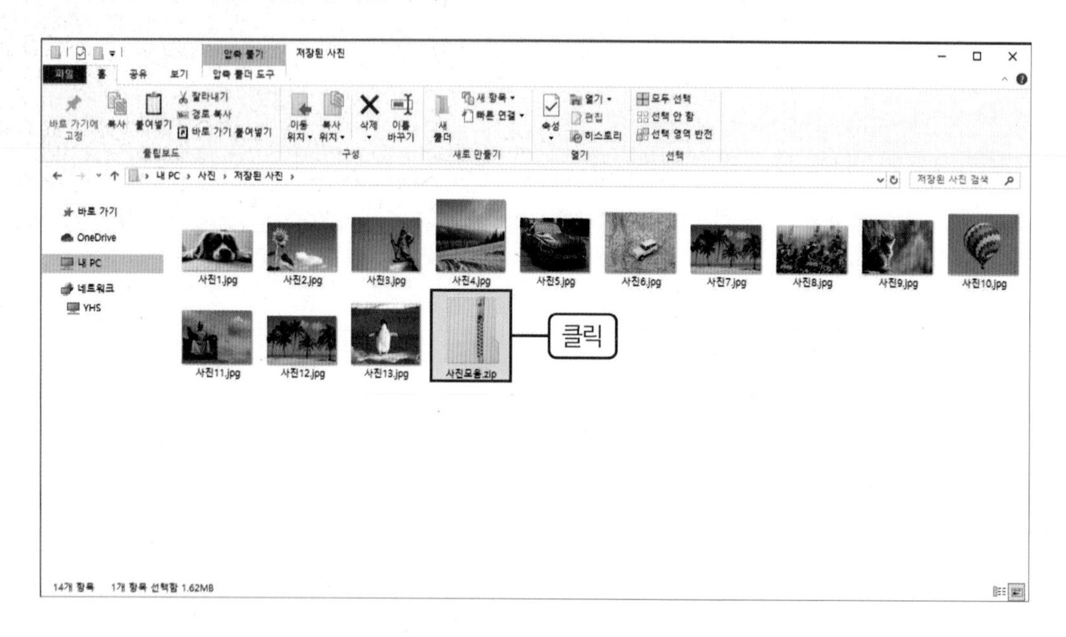

2. [관리] 탭이 [압축 풀기] 탭으로 바뀌면 [압축 풀기] 탭을 클릭하고 [압축 풀기]를 클릭합니다.

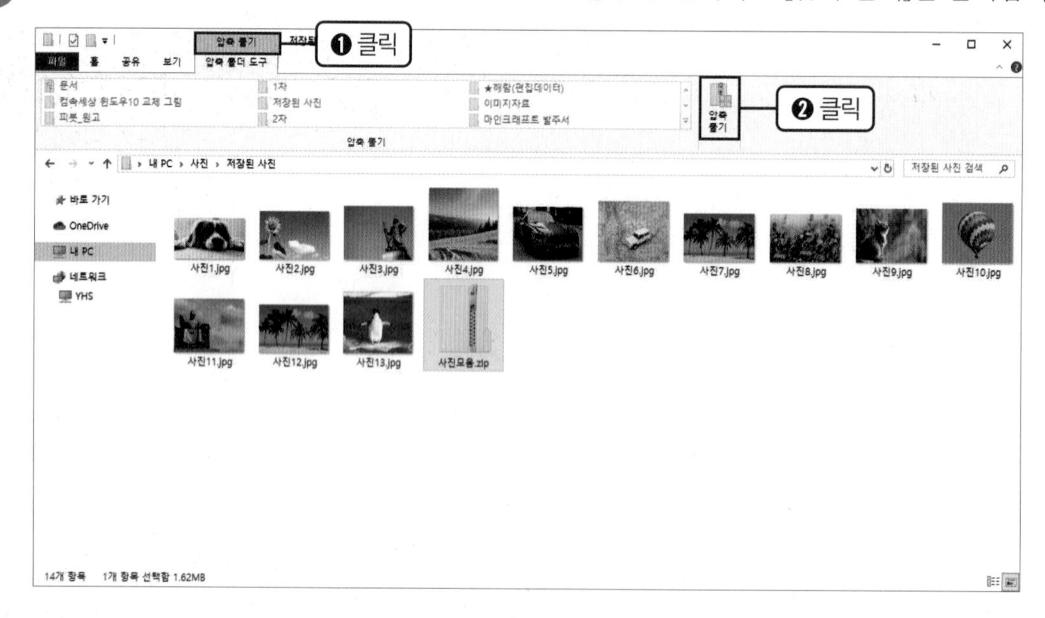

3 [압축(Zip) 폴더 풀기] 대화 상자에서 [완료되면 압축을 푼 파일 표시]에 체크한 다음 [압축 풀기]를 클릭합니다.

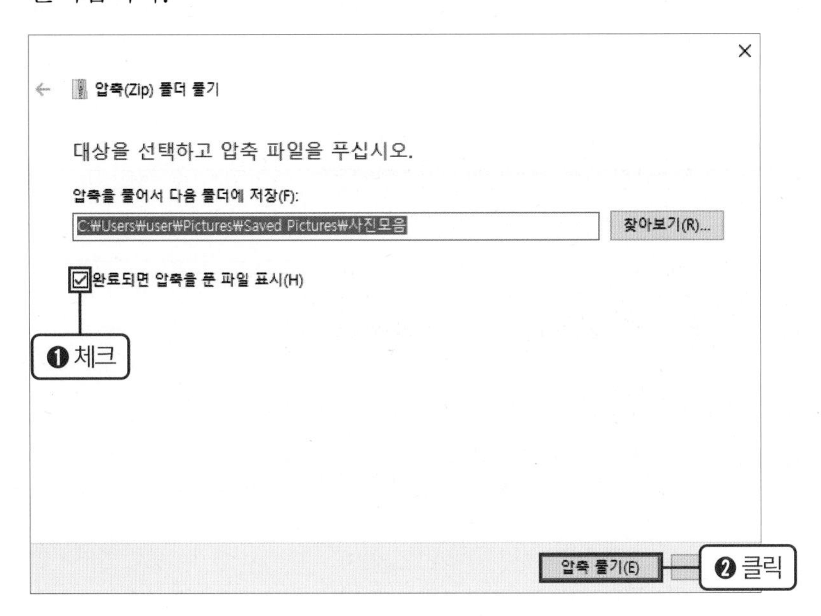

4 압축이 해제된 폴더의 파일들을 확인합니다.

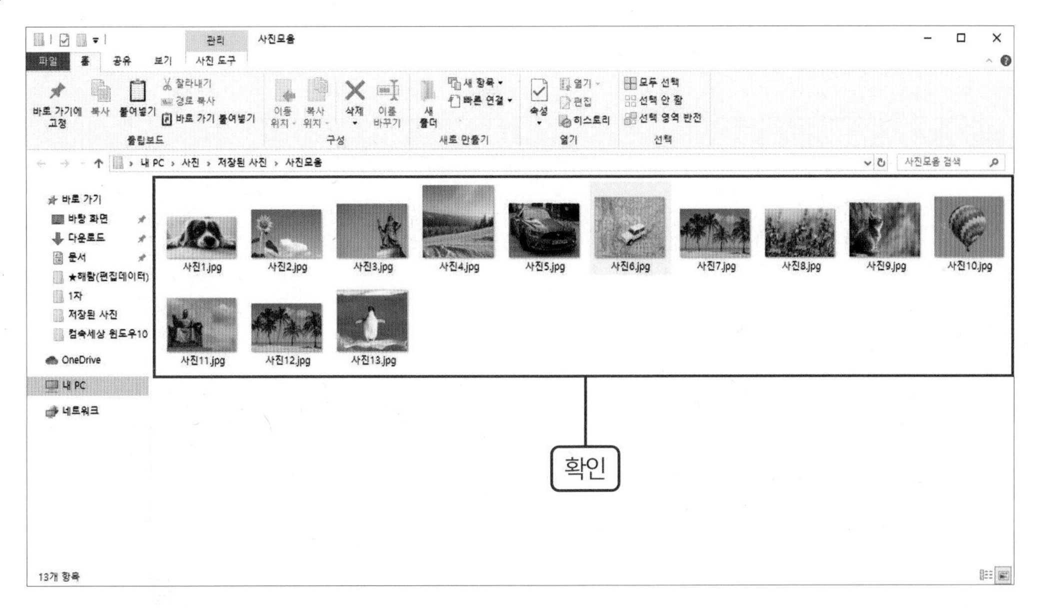

쑥쑥! 실력 키우기

1 '내 PC/사진/저장된 사진' 폴더에서 '사진2', '사진4', '사진7' 파일을 압축하고 압축 폴더 이름을 '자연'으로 수정해 보세요.

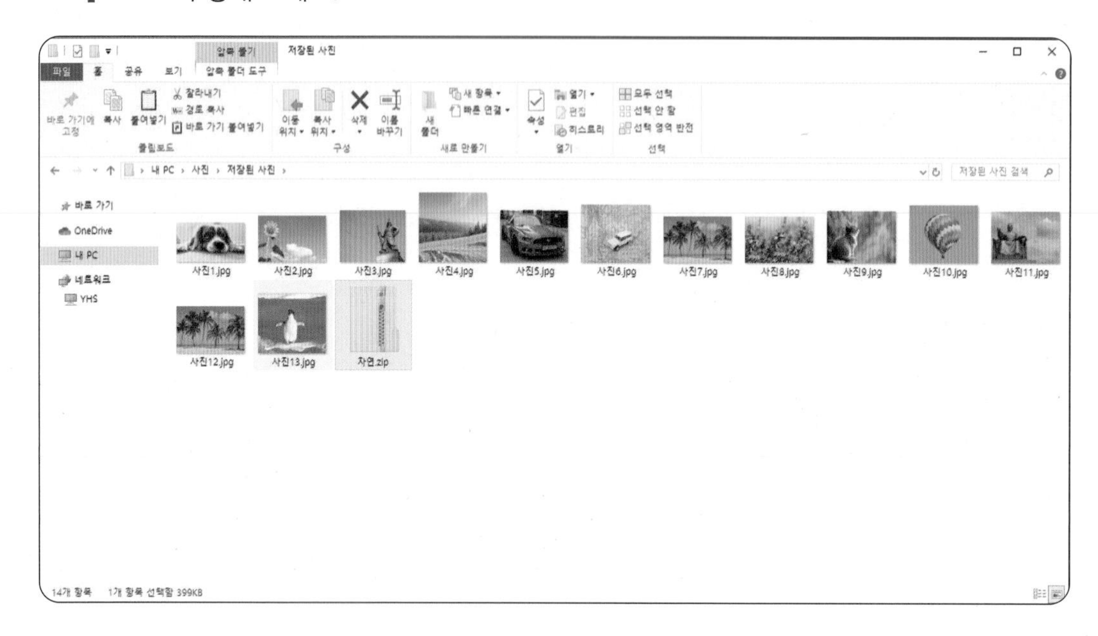

2 바탕 화면에 '자연' 폴더를 만들고 앞에서 만든 '자연' 압축 파일을 해제하여 바탕 화면의 '자연' 폴더에 저장해 보세요.

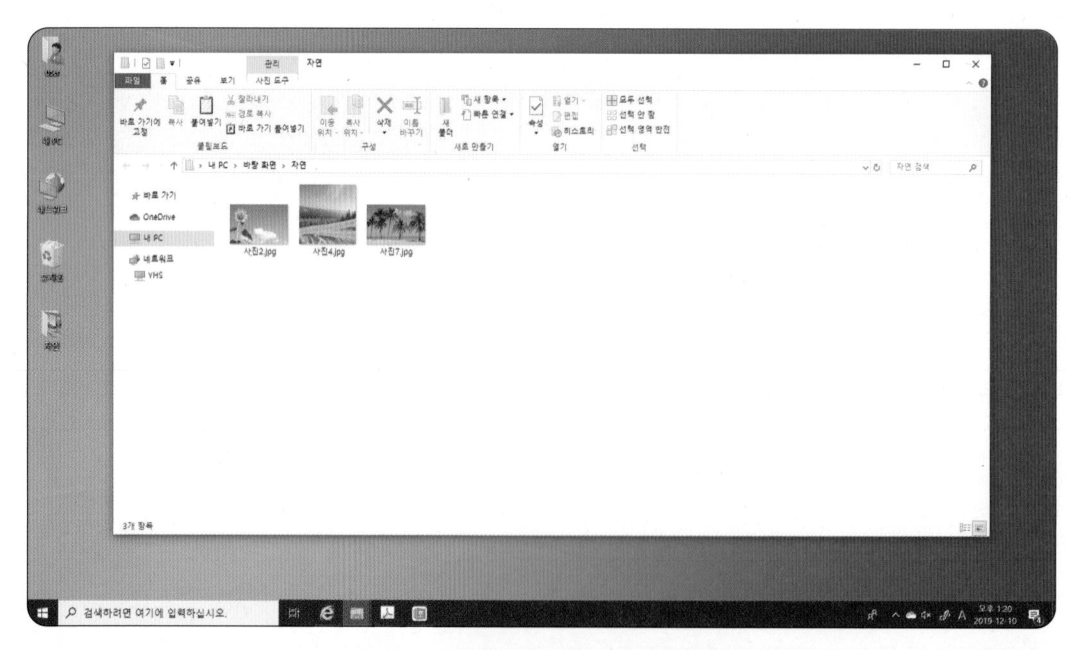

11장
이 별에선 멋쟁이가 될 수 있어!
오늘의 미션
•바탕 화면 설정하기
•잠금 화면 설정하기
•화면 보호기 설정하기
까비야, 이 별에서는 멋쟁이가 될 수 있어. 바탕 화면도 마음대로 꾸밀 수 있고 컴퓨터를 사용하지 않을 때는 화면 보호기를 실행해서 바탕 화면을 숨길 수도 있어.
슬기야! 여기 내가 원하는 배경과 색깔들이 다 모여 있는 것 같아! 어서 바탕 화면을 내가 원하는 그림으로 바꾸고 화면 보호기도 설정해 보고 싶어!
미션 Hint
•바탕 화면 설정하기 : 바탕 화면의 배경과 색을 지정하고 테마를 변경할 수 있습니다.
•잠금 화면 설정하기 : 잠금 화면을 변경하고 로그인할 수 있습니다.
•화면 보호기 설정하기 : 화면 보호기의 패턴과 대기 시간을 지정할 수 있습니다.

01 바탕 화면의 배경 사진을 바꿔 보아요.

바탕 화면의 배경을 컴퓨터에 저장되어 있는 사진으로 바꿀 수 있어요. 바탕 화면의 배경을 여러 가지 사진으로 변경해 볼까요?

1. 바탕 화면의 빈 곳에서 마우스 오른쪽 단추를 클릭하고 나타나는 바로 가기 메뉴에서 [개인 설정]을 클릭합니다.

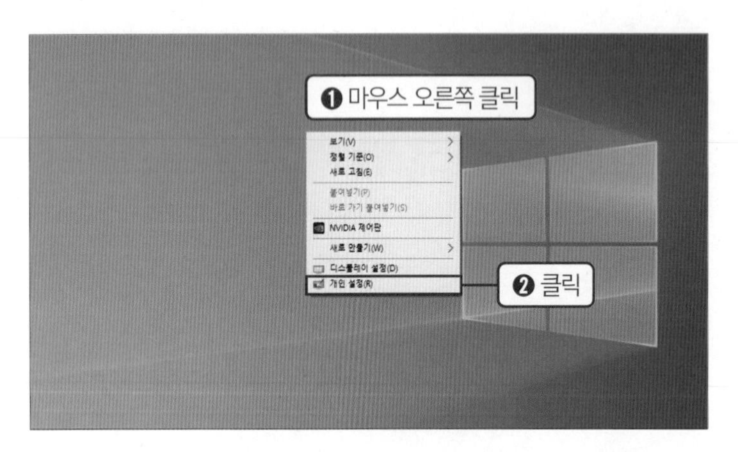

2. [설정] 화면에서 왼쪽 메뉴의 [배경]을 클릭하고 '배경' 메뉴에서 지정된 항목이 '사진'으로 되어 있는지 확인한 후 '사용자 사진 선택' 메뉴에서 원하는 사진을 선택합니다.

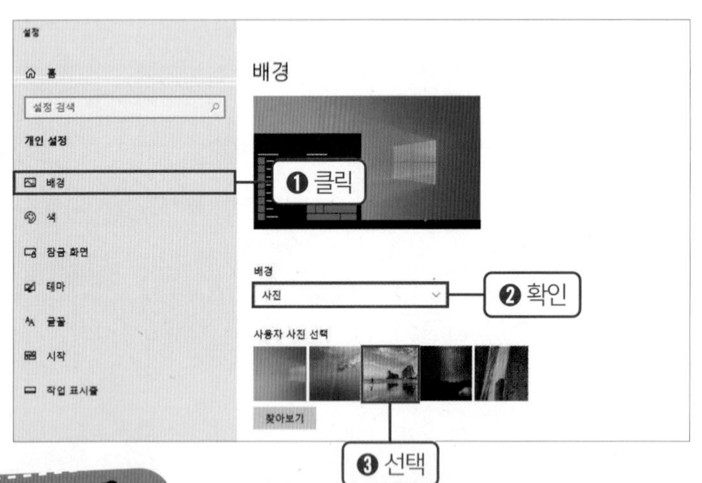

'사용자 사진 선택' 메뉴의 [찾아보기]를 클릭하면 인터넷에서 다운로드 받은 사진을 배경 화면으로 사용할 수 있어!

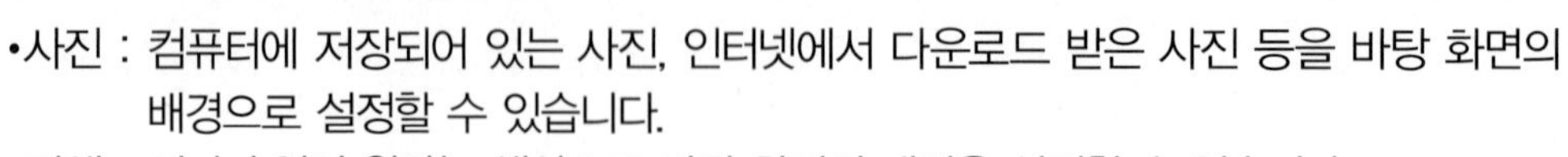

'배경' 메뉴에서 어떤 형식으로 배경을 지정할 수 있을까요?

- 사진 : 컴퓨터에 저장되어 있는 사진, 인터넷에서 다운로드 받은 사진 등을 바탕 화면의 배경으로 설정할 수 있습니다.
- 단색 : 이미지 없이 원하는 색상으로 바탕 화면의 배경을 설정할 수 있습니다.
- 슬라이드 쇼 : 여러 장의 사진이 설정한 시간에 맞추어 슬라이드 쇼 형태로 변경되도록 할 수 있습니다.

3 원하는 사진을 선택한 후 '맞춤 선택' 메뉴를 클릭하여 '맞춤' 항목을 선택합니다.

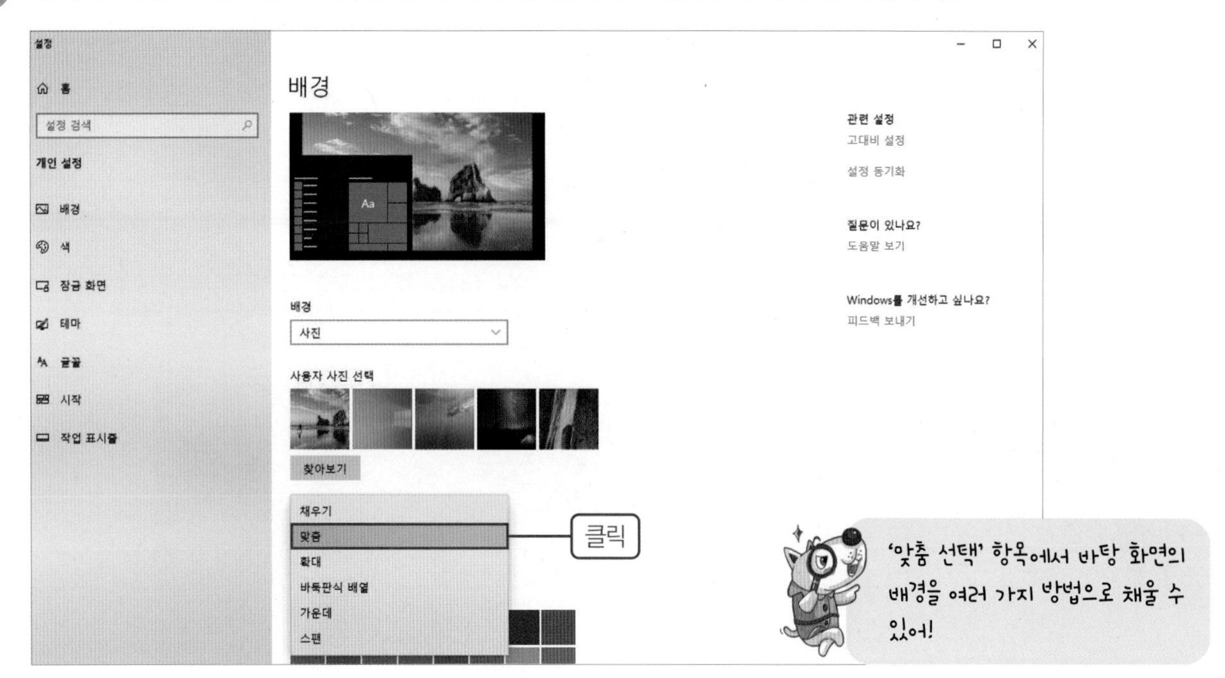

4 바탕 화면의 배경이 변경된 것을 확인합니다.

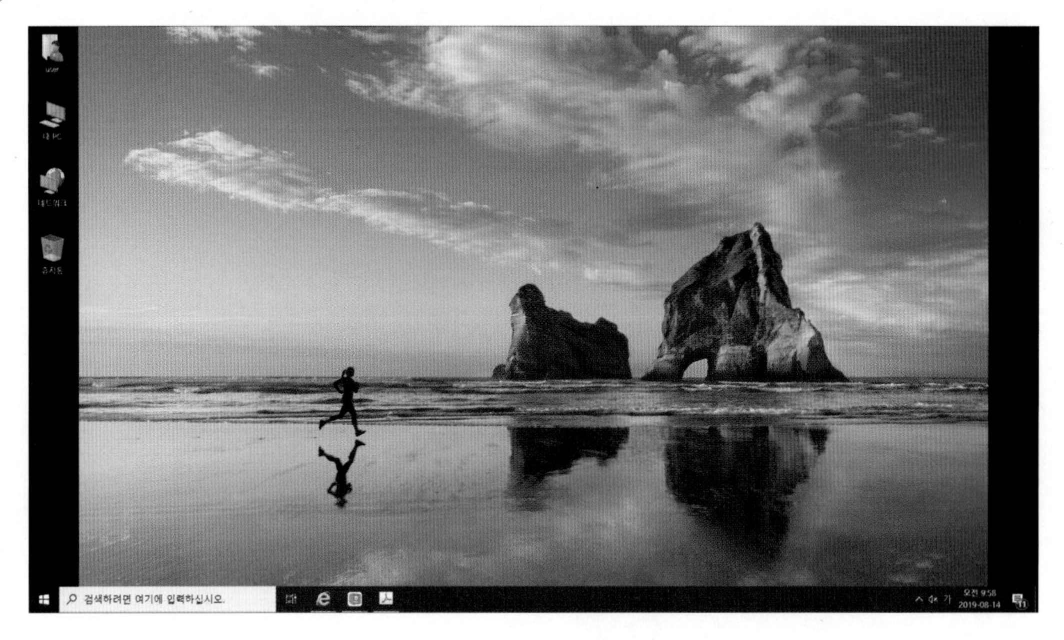

02 잠금 화면과 화면 보호기를 설정해 보아요.

컴퓨터를 사용하지 않거나 자리를 비웠을 때 화면에 나타나 있는 내용을 숨기고 싶다면 잠금 화면과 화면 보호기 기능을 이용하면 돼요. 그럼 잠금 화면과 화면 보호기 설정하는 방법을 알아볼까요?

1. 바탕 화면의 빈 곳에서 마우스 오른쪽 단추를 클릭하여 나타나는 바로 가기 메뉴에서 [개인 설정]을 클릭합니다.

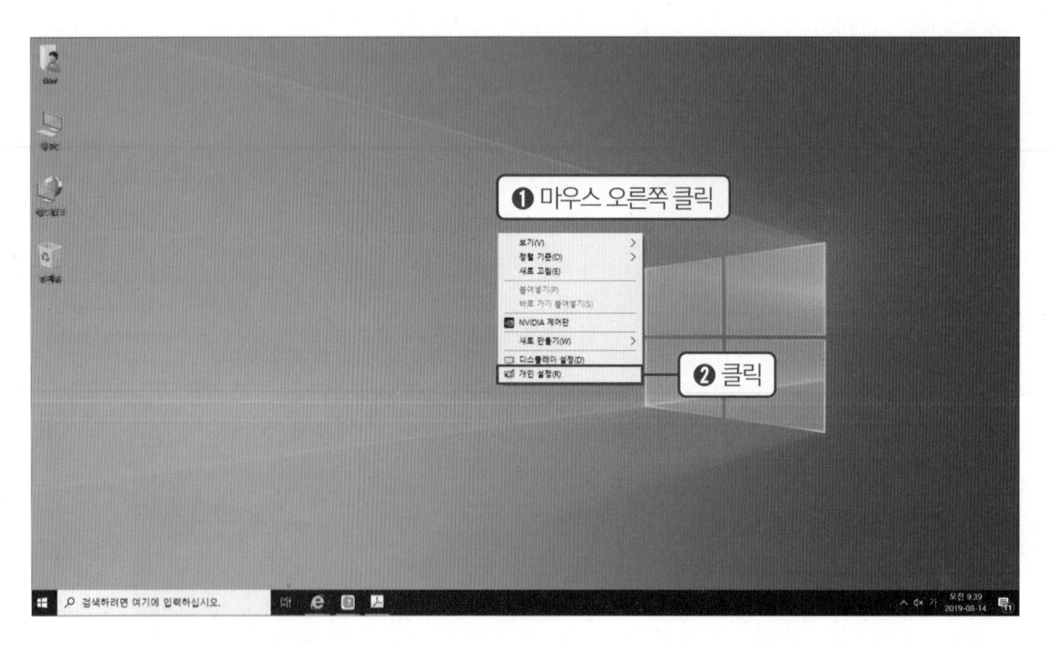

2. [설정] 화면에서 왼쪽 메뉴의 [잠금 화면]을 클릭하고 '배경' 메뉴에서 지정된 항목이 '사진'으로 되어 있는지 확인한 후 '사용자 사진 선택' 메뉴에서 원하는 사진을 선택합니다.

3 [시작] 단추(⊞)를 클릭한 후 [계정]-[잠금]을 클릭하여 변경된 잠금 화면을 확인합니다.

4 잠금 화면을 클릭하여 로그인합니다.

5 화면 보호기를 설정하기 위해 바탕 화면의 빈 곳에서 마우스 오른쪽 단추를 클릭하여 나타나는 바로 가기 메뉴에서 [개인 설정]을 클릭합니다.

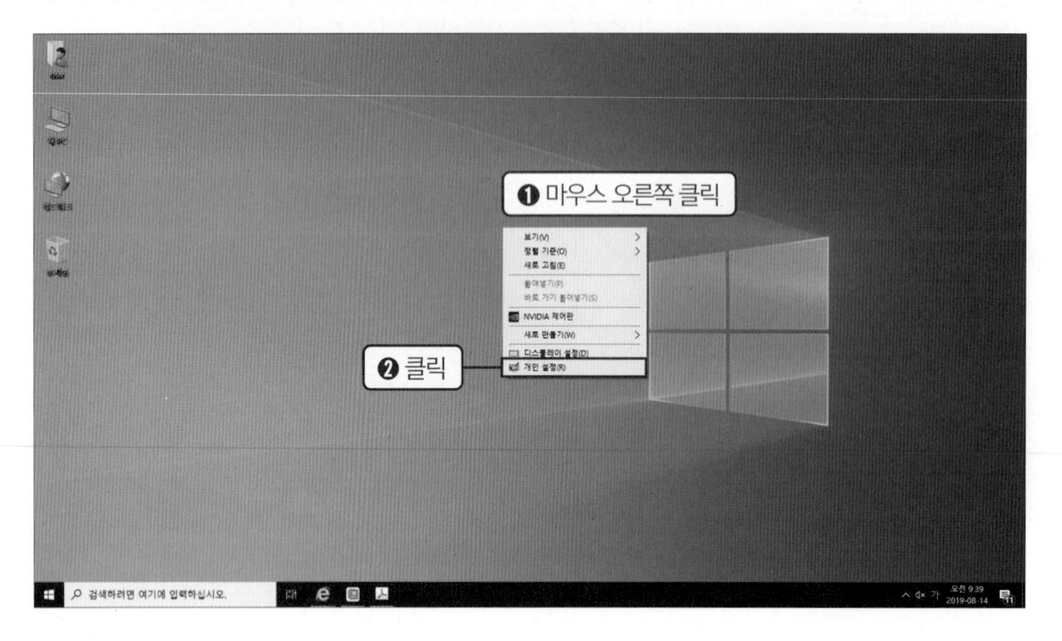

6 [설정] 화면에서 왼쪽 메뉴의 [잠금 화면]을 클릭하고 하단의 [화면 보호기 설정]을 클릭합니다.

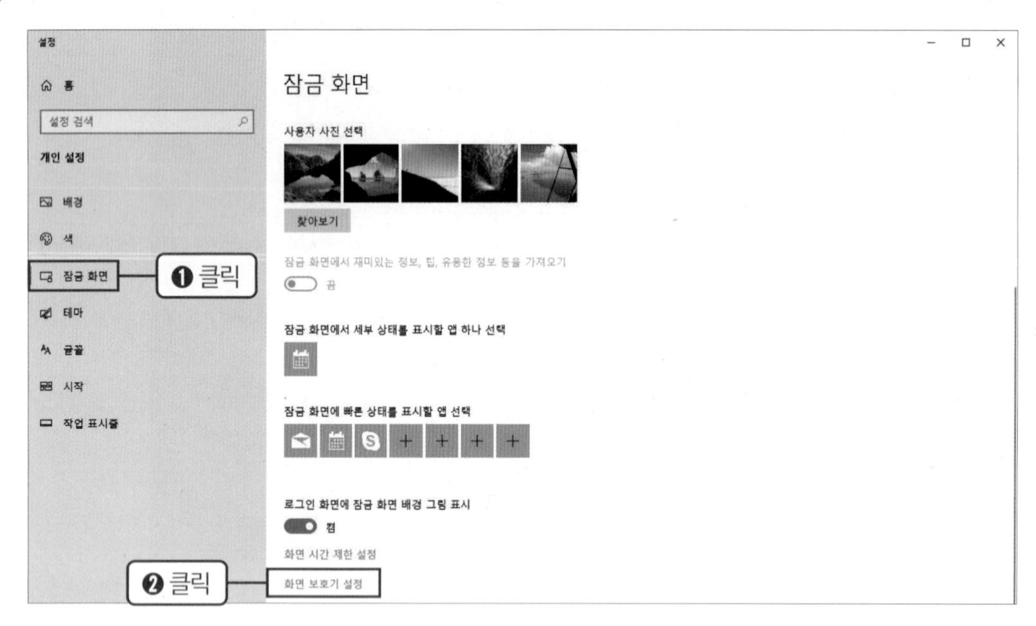

7 [화면 보호기 설정] 대화 상자에서 화면 보호기를 '리본'으로 선택하고 대기 시간을 '2'로 변경한 후 [확인]을 클릭합니다.

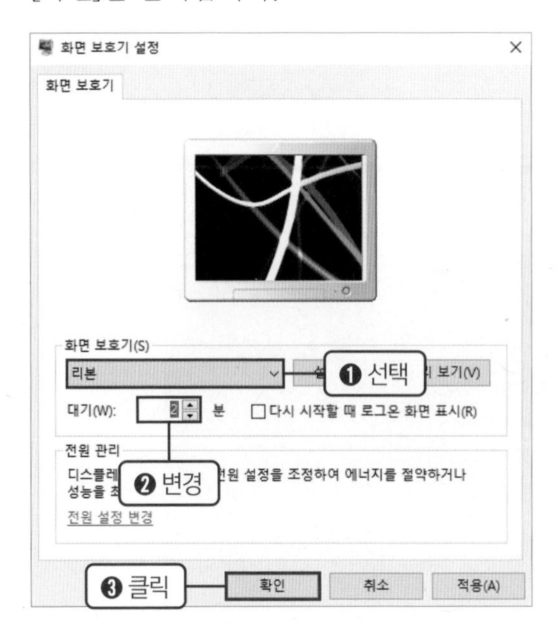

8 [개인 설정] 창을 닫은 후 2분 동안 컴퓨터 사용을 멈추면 지정된 화면 보호기가 실행되는 모습을 확인할 수 있습니다.

화면 보호기가 실행된 상태에서 마우스를 움직이거나 키보드를 누르면 바탕 화면이 나타나!

쑥쑥! 실력 키우기

1 바탕 화면의 배경을 '슬라이드 쇼'로 지정하고 사진이 10분마다 변경되도록 설정해 보세요.

2 화면 보호기를 '3차원 텍스트'로, 대기 시간을 '3분'으로 설정해 보세요.

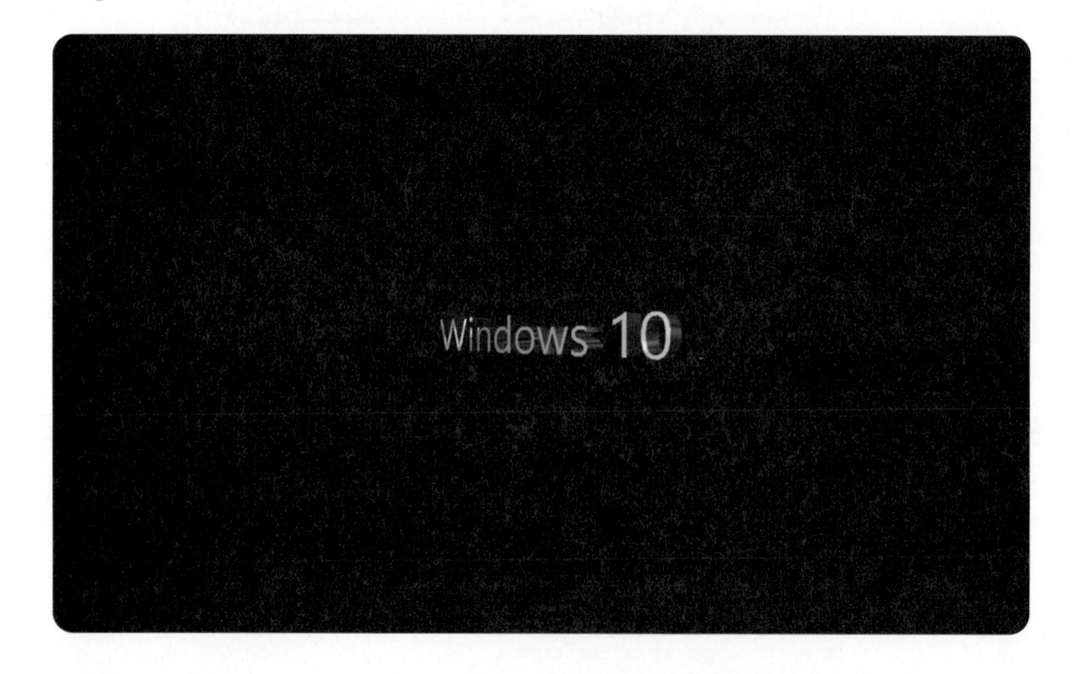

12장
내 이름으로 만든 별나라
오늘의 미션
•사용자 계정 추가하기
•계정 사진 변경하기
가족 및 다른 사용자
가족
가족 구성원 추가
기타 사용자
이 PC에 다른 사용자 추가
까비야, 윈도우10 별나라에서 사용자 계정을 추가 등록하면 나만의 독립적인 공간에서 별나라를 구경할 수 있어!
우와! 그럼 내 이름으로 된 계정 속에서 별나라를 구경할 수 있는 거야? 어서 계정 추가하는 방법을 알려줘!
미션 Hint
•사용자 계정 추가하기 : [설정] 메뉴를 사용하여 사용자 계정을 추가 등록할 수 있습니다.
•계정 사진 변경하기 : 내가 원하는 사진으로 계정 사진을 변경할 수 있습니다.

01 사용자 계정을 추가해 보아요.

윈도우10 별나라에서는 '사용자 계정 추가' 기능을 이용하여 여러 친구들이 자기만의 계정을 가지고 독립적으로 컴퓨터를 사용할 수 있어요. 그럼 사용자 계정을 추가하는 방법을 알아볼까요?

1. [시작] 단추( )를 클릭한 후 [설정]-[계정]을 클릭합니다.

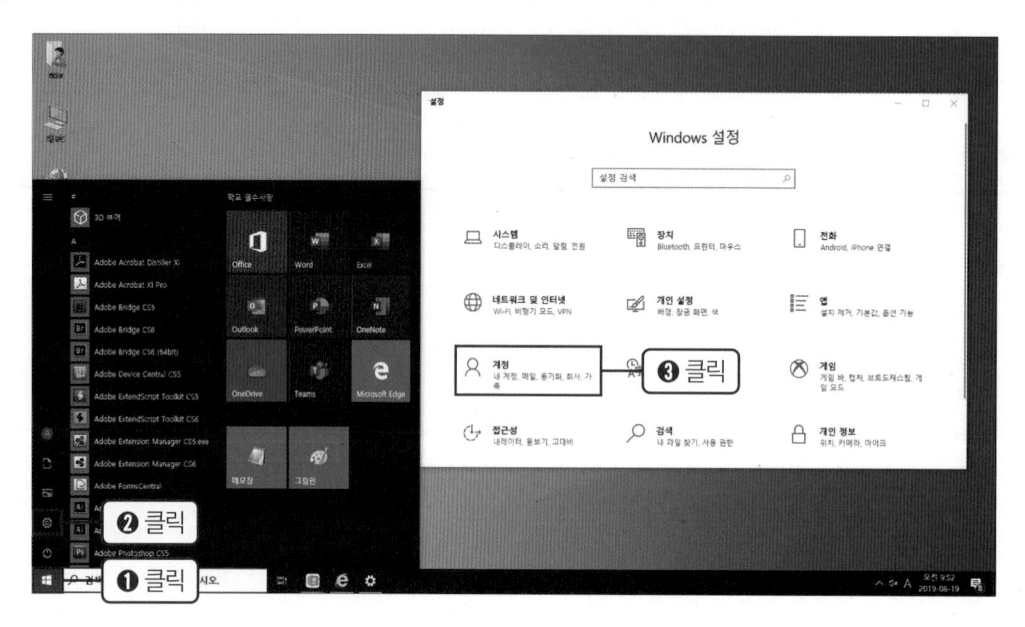

2. 왼쪽 목록의 [가족 및 다른 사용자]를 클릭한 후 오른쪽 목록의 [이 PC에 다른 사용자 추가]를 클릭합니다.

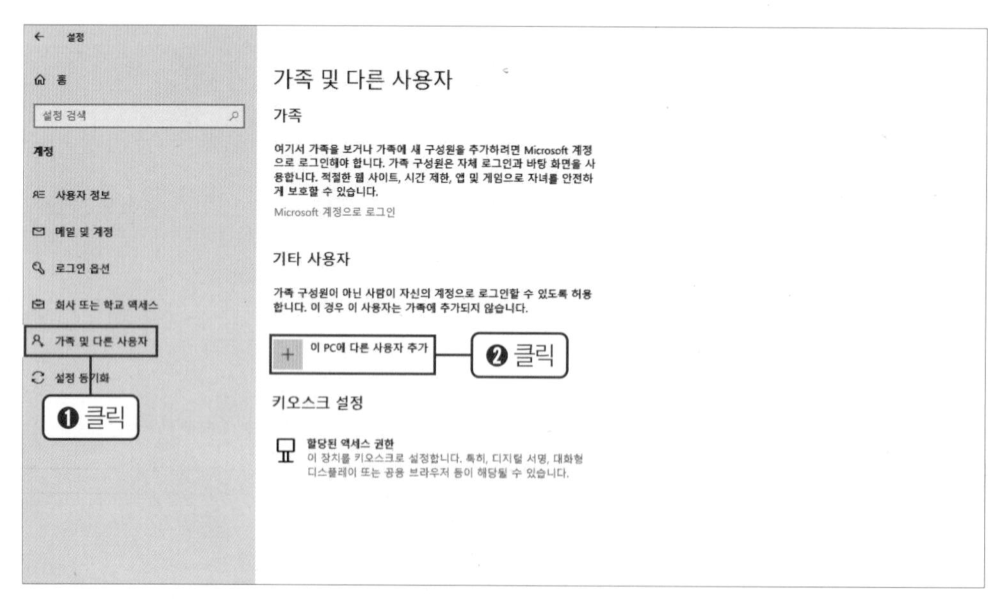

3 계정 입력란 아래에 있는 '이 사람의 로그인 정보를 가지고 있지 않습니다.'를 클릭한 후 'Microsoft 계정 없이 사용자 추가'를 클릭합니다.

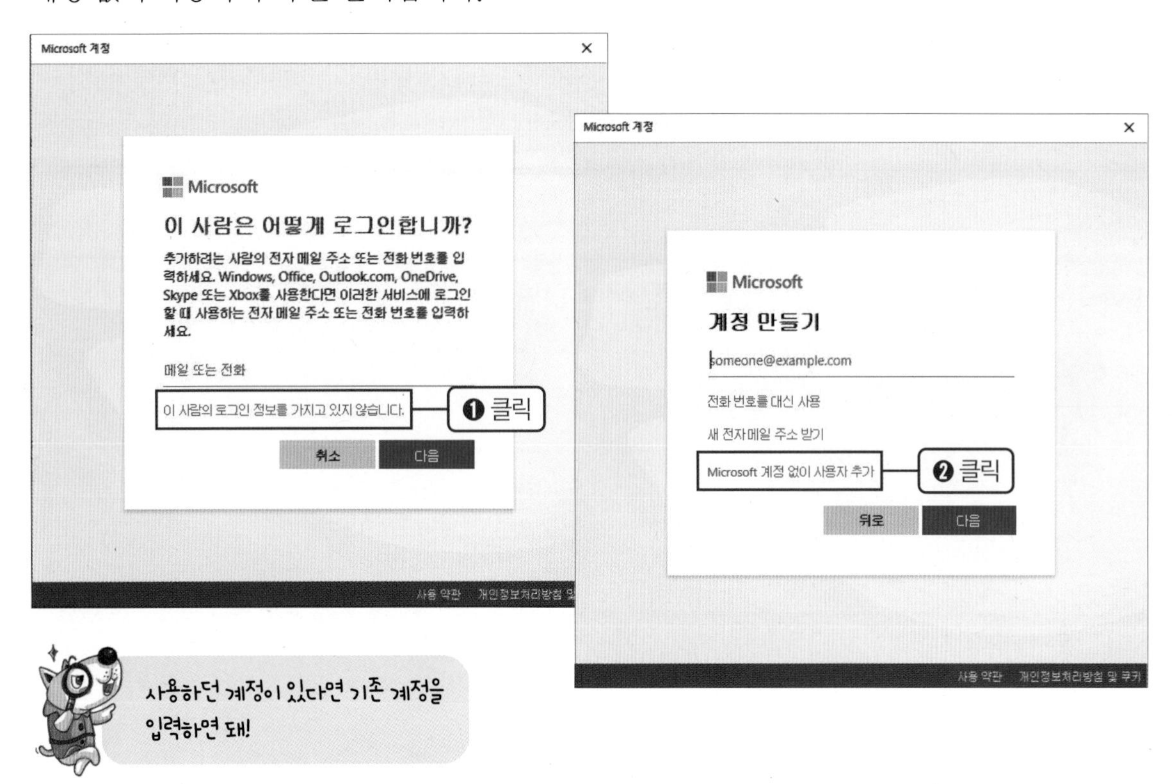

사용하던 계정이 있다면 기존 계정을 입력하면 돼!

4 계정 사용자의 이름 및 암호, 암호를 잊어버렸을 때 찾을 수 있는 힌트를 입력하고 [다음]을 클릭합니다.

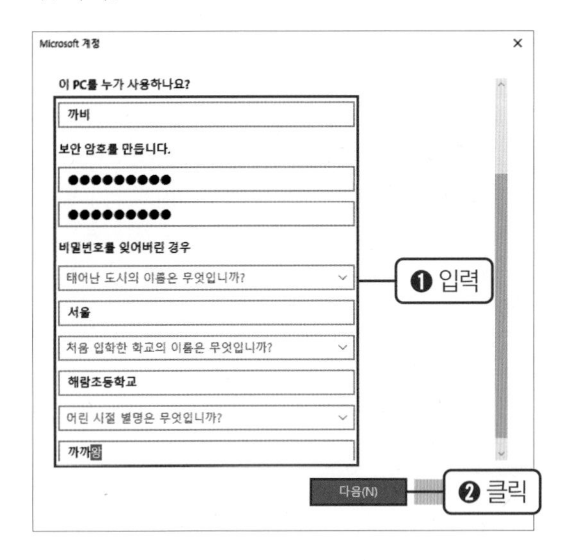

5 등록한 사용자 계정이 추가된 것을 확인합니다.

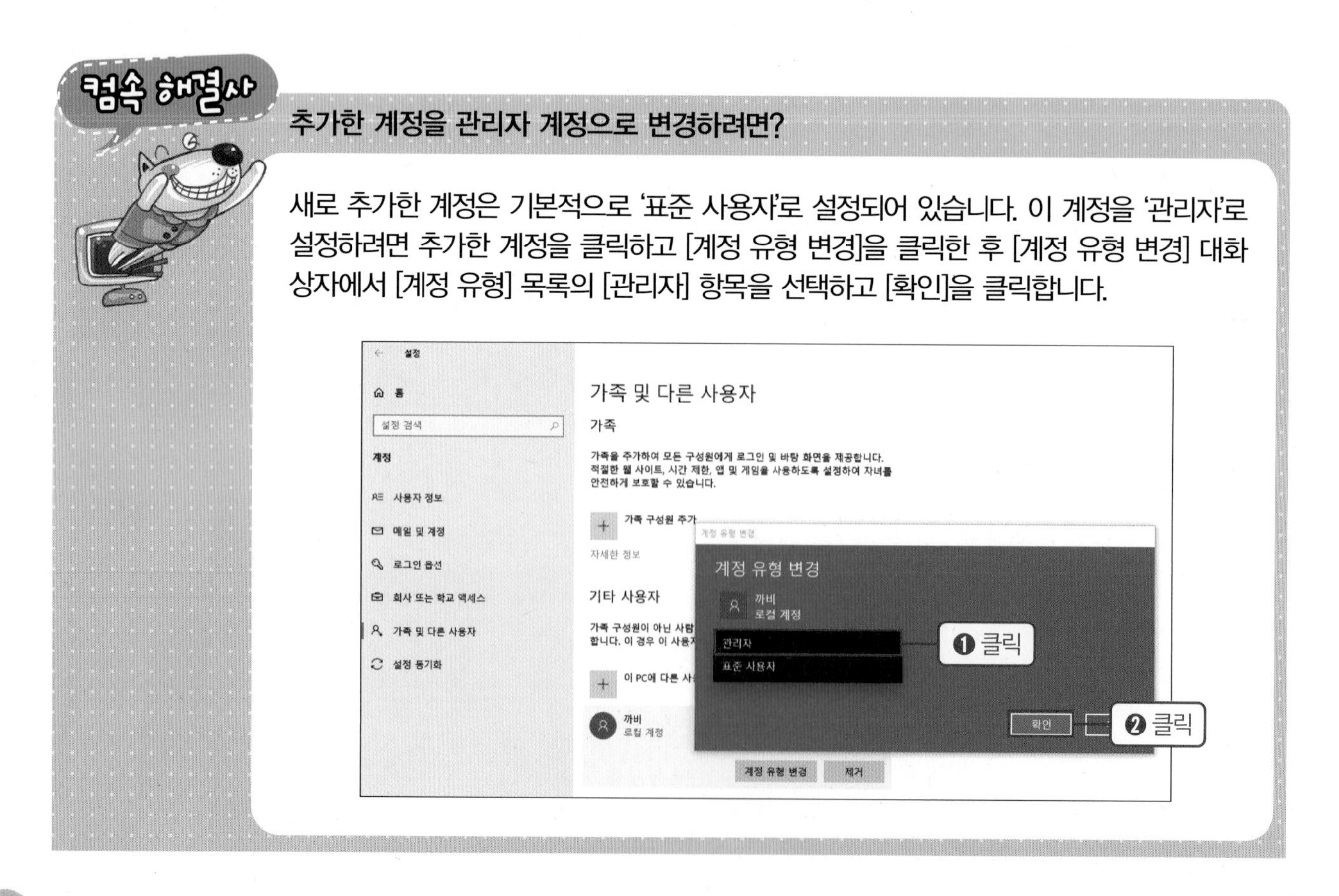

추가한 계정을 관리자 계정으로 변경하려면?

새로 추가한 계정은 기본적으로 '표준 사용자'로 설정되어 있습니다. 이 계정을 '관리자'로 설정하려면 추가한 계정을 클릭하고 [계정 유형 변경]을 클릭한 후 [계정 유형 변경] 대화 상자에서 [계정 유형] 목록의 [관리자] 항목을 선택하고 [확인]을 클릭합니다.

02 계정 사진을 변경해 보아요.

[시작] 메뉴에는 계정 이름과 프로필 사진이 표시되는데, 계정 사진을 나만의 사진으로 변경하면 사진만 보고도 누구의 계정인지 쉽게 구분할 수 있겠죠? 윈도우10 별나라에서 계정 사진을 변경해 볼까요?

1 [시작] 단추(⊞)를 클릭한 후 [사용자 계정]-[계정 설정 변경]을 클릭합니다.

2 사용자 정보 창이 나타나면 [사진 만들기] 메뉴에서 [찾아보기] 항목을 클릭합니다.

3 [열기] 대화 상자가 나타나면 '내 PC/사진/저장된 사진' 폴더를 클릭하고 원하는 사진을 선택한 후 [사진 선택]을 클릭합니다.

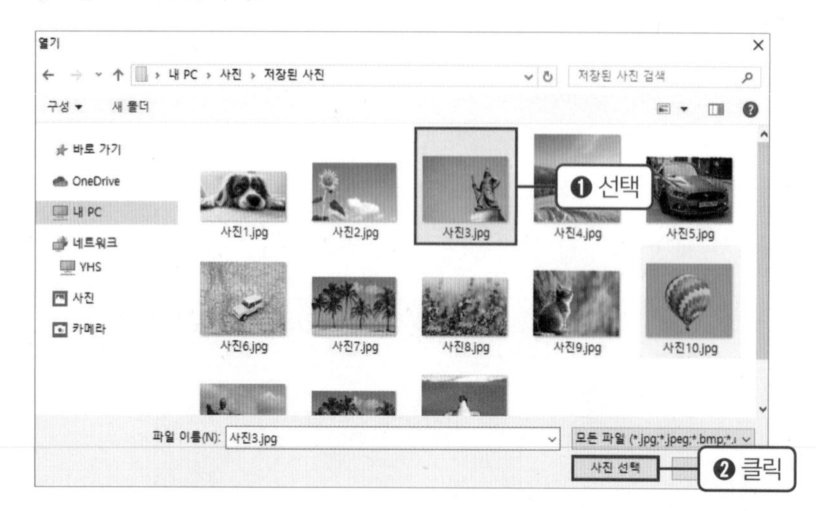

4 [사용자 정보] 창에서 변경된 계정 사진을 확인합니다. 이전에 사용했던 계정 사진은 오른쪽에 작은 화면으로 표시되며, 이전 사진을 클릭하면 해당 사진으로 계정 사진이 변경됩니다.

5 [시작] 단추(⊞)를 클릭하여 변경된 계정 사진을 확인합니다.

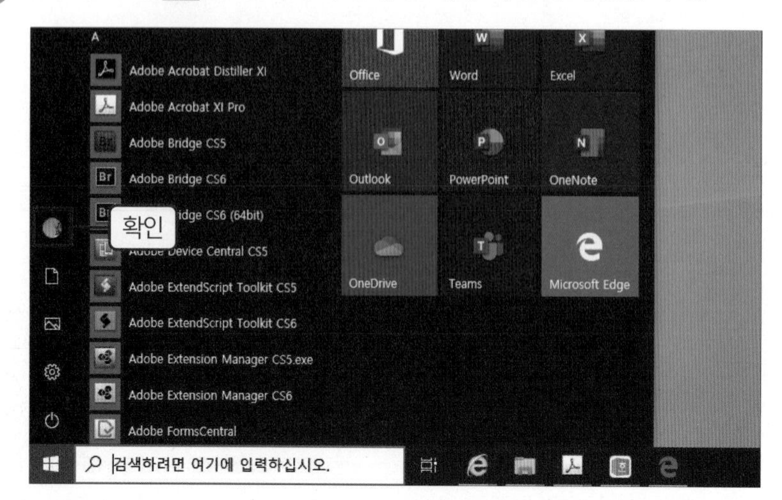

쑥쑥! 실력 키우기

1 | 사용자 계정을 추가하고, 추가한 계정을 '관리자'로 지정해 보세요.

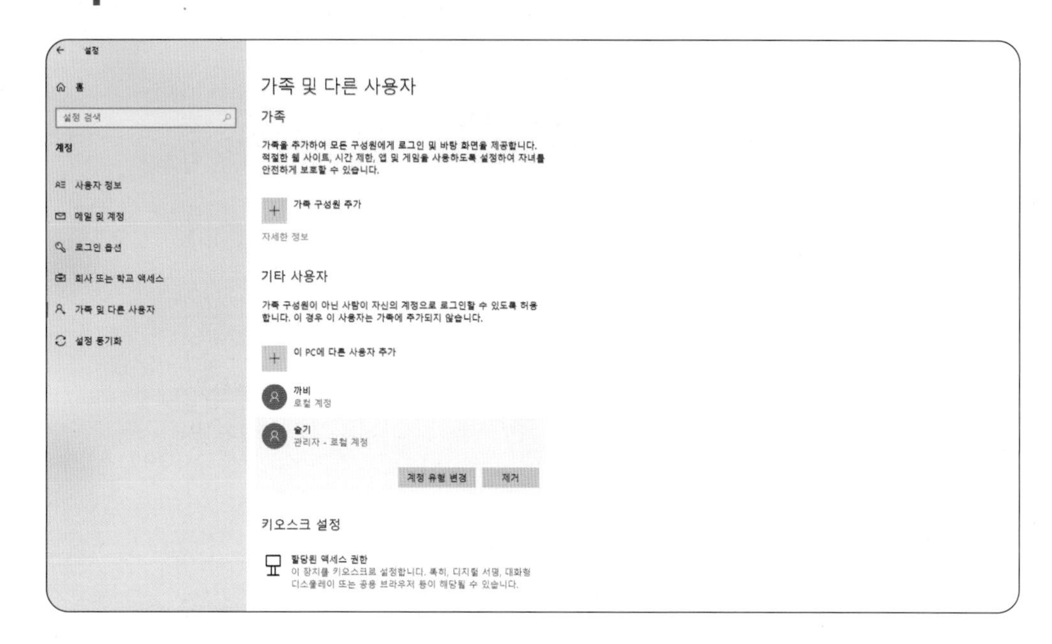

2 | 추가한 계정의 사진을 원하는 사진으로 변경해 보세요.

13장
멋지게 등장한 초신성!
오늘의 미션
•엣지 브라우저 살펴보기
•엣지 사용하여 사이트 접속하기
슬기야, 저기 반짝이는 별은 무슨 별이야? 처음 보는 별 같은데?
응, 까비야. 저 별은 '마이크로소프트 엣지'라는 별이야. 윈도우10에 새롭게 등장한 초신성이지! 다른 별나라에서 볼 수 없었던 별이라구!
미션 Hint
•엣지 브라우저 살펴보기 : 엣지 브라우저의 메뉴 구성에 대해 알 수 있습니다.
•엣지 사용하여 사이트 접속하기 : 엣지 브라우저를 사용하여 사이트에 접속할 수 있습니다.

01 엣지 브라우저를 살펴 보아요.

엣지 브라우저는 [시작] 메뉴나 작업 표시줄에서 실행할 수 있어요. 엣지 브라우저를 실행해 보고 엣지 브라우저의 메뉴와 기능들에 대해 알아볼까요?

1. [시작] 메뉴를 클릭한 후 [시작 화면]에서 [Microsoft Edge] 앱을 클릭하여 엣지 브라우저를 실행합니다.

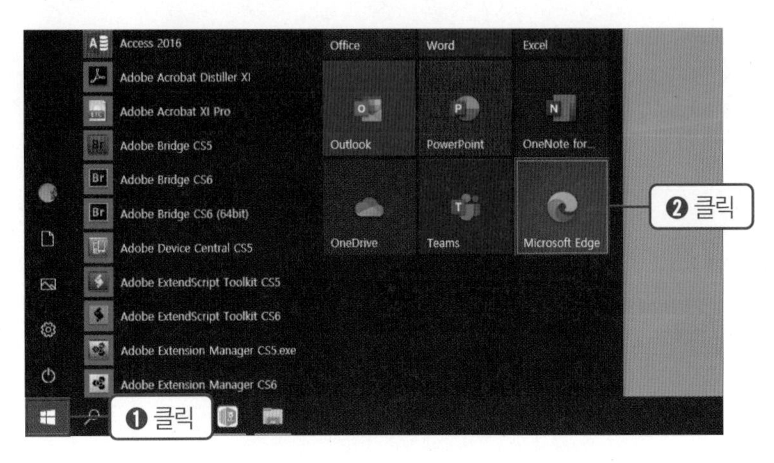

2. 엣지 브라우저의 메뉴와 기능들에 대해 살펴 봅니다.

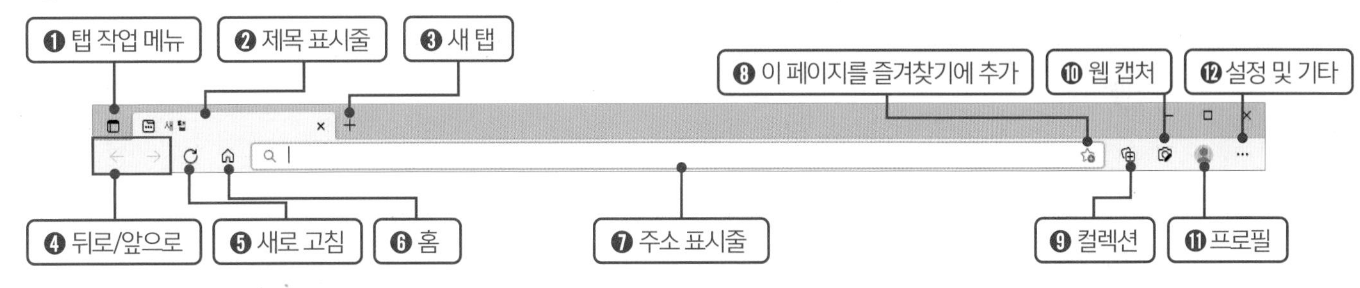

❶ 탭의 위치를 가로 혹은 세로로 변경하거나 검색 기록 히스토리를 확인하고 열려 있는 탭을 컬렉션에 추가할 수 있습니다.
❷ 접속된 사이트의 제목이 표시할 수 있습니다.
❸ 새로운 탭을 추가할 수 있습니다.
❹ 보고 있는 사이트의 이전 페이지나 다음 페이지로 이동할 수 있습니다.
❺ 현재 보고 있는 페이지를 새로 고침하여 다시 접속할 수 있습니다.
❻ 브라우저를 열었을 때 나타나는 시작 페이지로 이동할 수 있습니다.
❼ 현재 보고 있는 사이트의 주소가 표시됩니다.
❽ 현재 열려 있는 사이트를 즐겨찾기에 추가할 수 있습니다.
❾ 스크랩과 유사한 기능으로, 온라인에서 찾은 콘텐츠를 저장하고 공유할 수 있습니다.
❿ 현재 보고 있는 페이지를 캡처하여 이미지에 메모를 작성할 수 있습니다.
⓫ 현재 윈도우10에 로그인 되어 있는 계정의 프로필이 표시됩니다.
⓬ 마이크로소프트 엣지의 다양한 기능을 설정하고 추가할 수 있습니다.

02 사이트에 접속해 보아요.

엣지는 스마트폰이나 태블릿 PC 등 모바일에서도 사용할 수 있도록 개발한 웹 브라우저예요. 지금부터 엣지 브라우저를 이용하여 사이트에 접속해 볼까요?

1. [시작] 단추( )를 클릭한 후 시작 화면에서 [Microsoft Edge] 앱 타일을 클릭합니다.

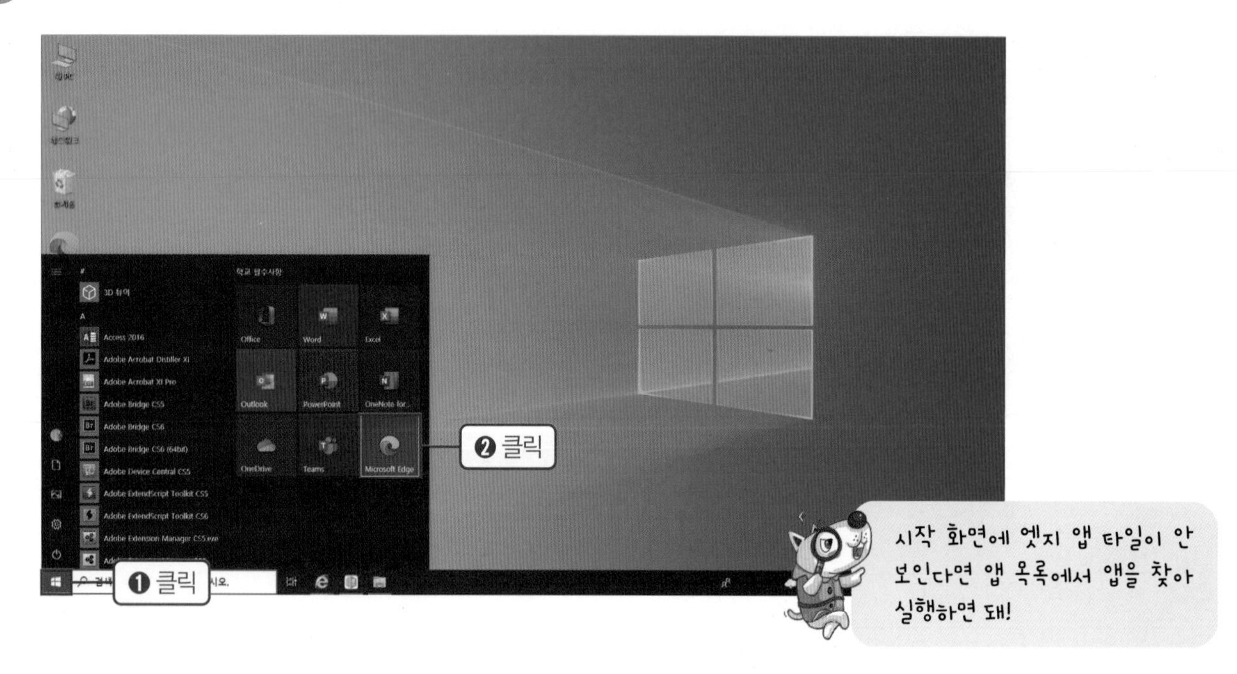

시작 화면에 엣지 앱 타일이 안 보인다면 앱 목록에서 앱을 찾아 실행하면 돼!

2. 엣지 기본 시작 페이지가 나타나면 주소 표시줄에 'www.naver.com'을 입력한 후 Enter를 누릅니다.

주소 표시줄에 포털 사이트 주소를 입력하고 Tab 을 누르면 포털 사이트 검색 기능이 활성화되어 주소 표시줄에 검색어를 입력하여 검색할 수 있어!

3 네이버 사이트의 창이 열리면 검색창에 '카카오키즈'를 입력하고 검색 단추를 클릭합니다.

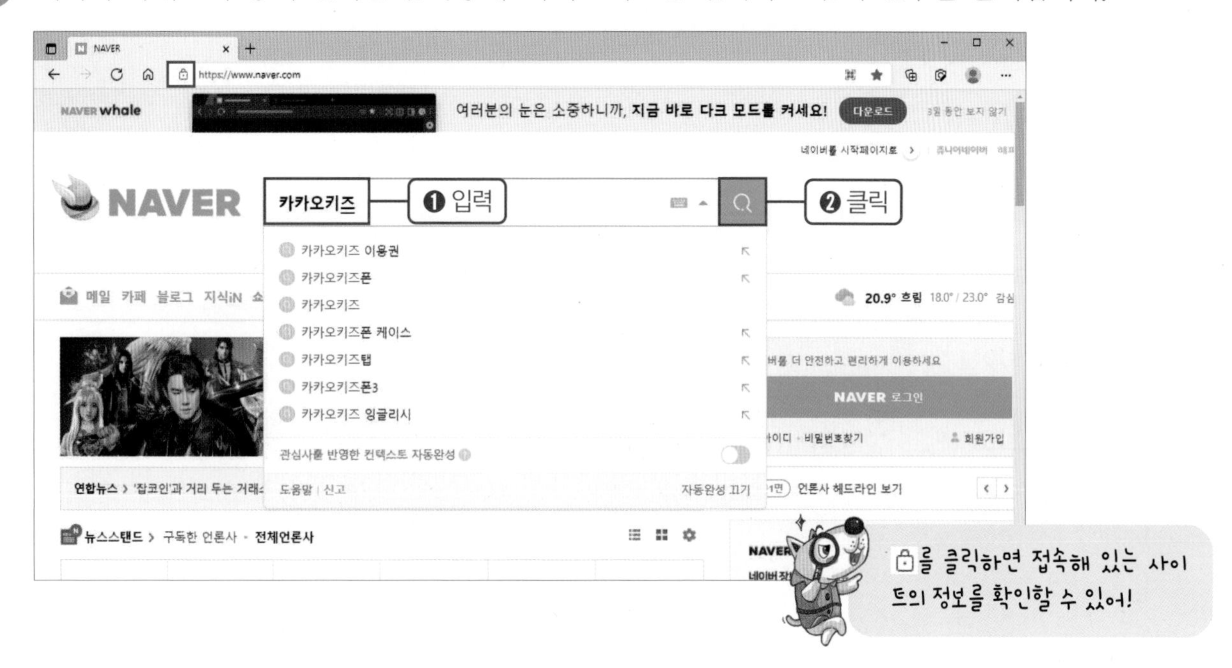

4 검색 결과가 나타나면 '카카오키즈' 사이트를 클릭하여 접속해 봅니다.

쑥쑥! 실력 키우기

1 | 표시된 곳의 올바른 명칭을 적어 보세요.

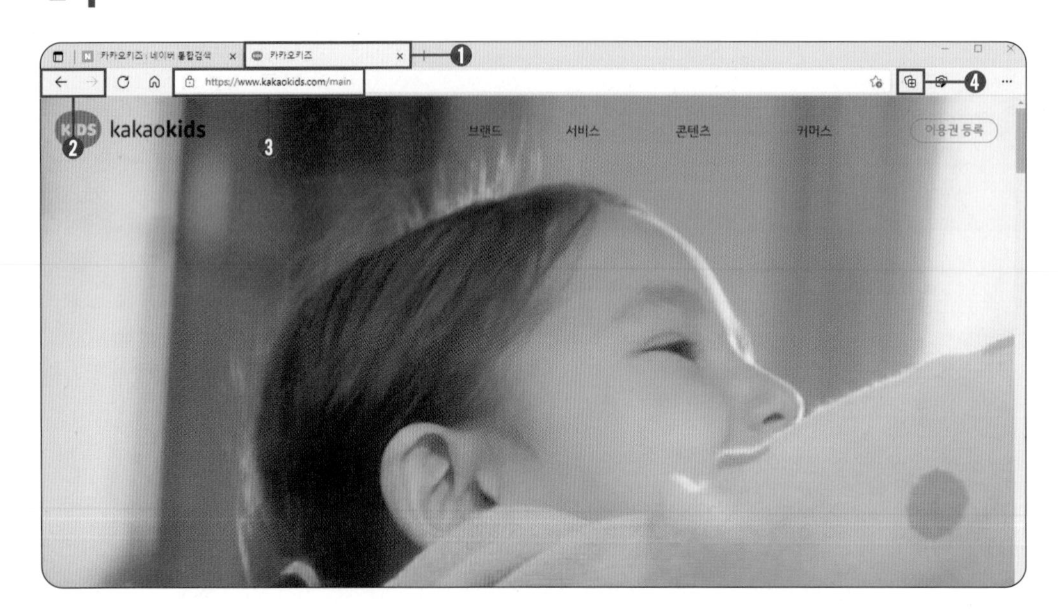

❶

❷

❸

❹

2 | 네이버 사이트의 정보를 확인하여 이 사이트에 대한 사용 권한을 확인해 보세요.

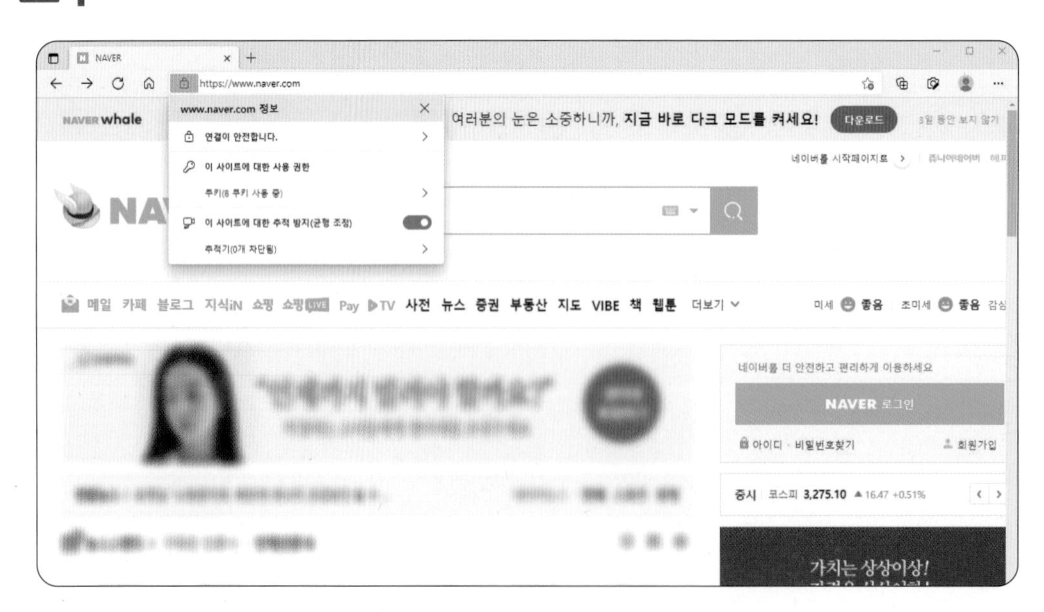

14장 별 안에 우리 학교가 있어!

오늘의 미션

- 시작 페이지 설정하기
- 엣지 테마 변경하기

미션 Hint

- **시작 페이지 설정하기** : [설정 및 기타] 메뉴를 이용하여 엣지 브라우저에서 시작 페이지를 설정할 수 있습니다.
- **엣지 테마 변경하기** : [설정 및 기타] 메뉴를 이용하여 엣지 브라우저의 테마를 변경할 수 있습니다.

시작 페이지를 설정해 보아요.

엣지 브라우저를 처음 시작할 때 나타나는 화면을 시작 페이지(홈페이지)라고 하는데, 시작 페이지는 원하는 사이트로 변경할 수 있어요. 그럼 엣지 브라우저에서 시작 페이지를 설정하는 방법을 알아볼까요?

1. ··· [설정 및 기타]를 클릭한 후 [설정]을 클릭합니다.

2. [설정] 창이 나타나면 왼쪽 메뉴의 [시작할 때]를 클릭한 후 [특정 페이지 열기]를 선택하고 [새 페이지 추가]를 클릭합니다.

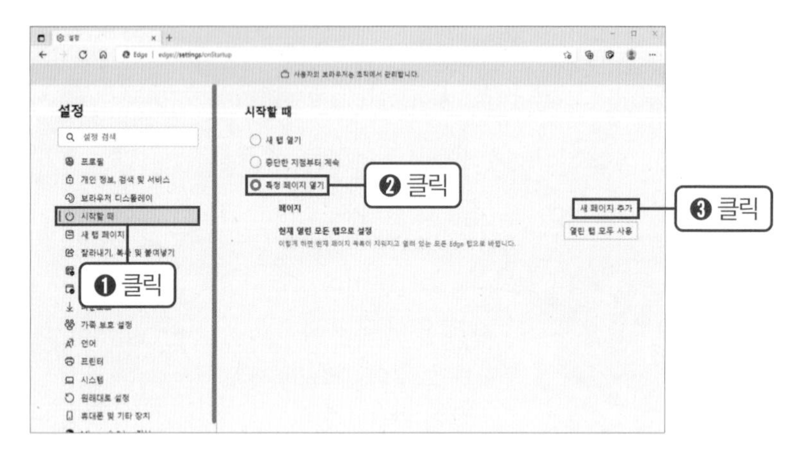

3. [새 페이지 추가] 대화상자가 나타나면 URL 입력 칸에 시작 페이지로 지정할 사이트의 주소를 입력하고 [추가]를 클릭합니다.

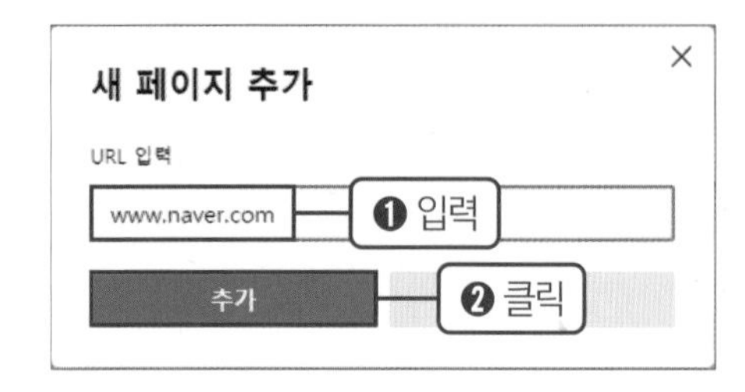

02 엣지 테마를 변경해 보아요.

엣지 브라우저는 다양한 테마를 제공하여 사용자가 원하는 대로 테마를 변경할 수 있어요. 엣지 브라우저의 테마를 변경해 볼까요?

❶ [설정 및 기타]를 클릭한 후 [설정]을 클릭하고 [브라우저 디스플레이]를 클릭하여 원하는 테마를 선택합니다.

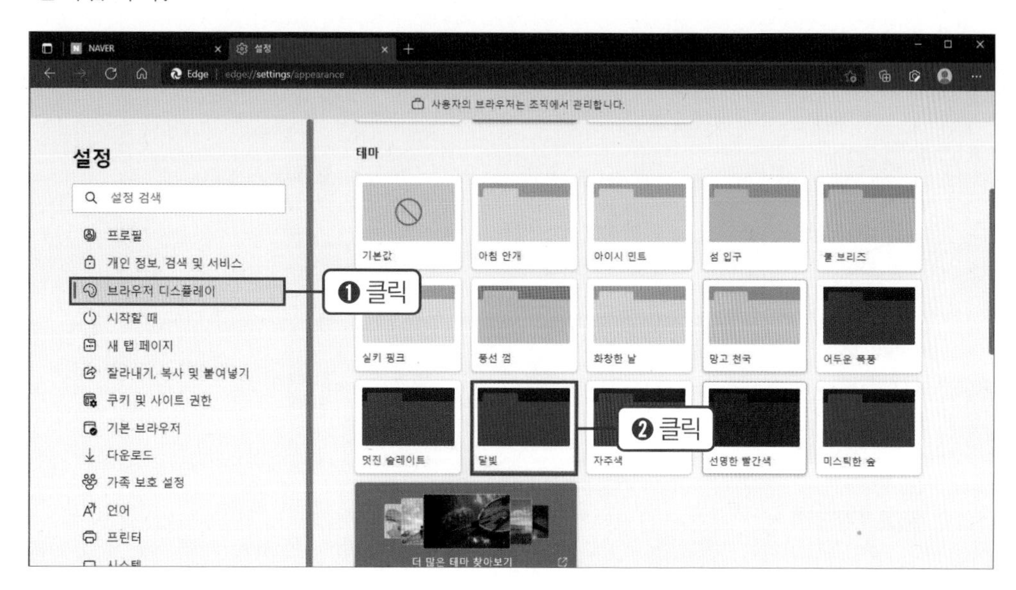

❷ [더 많은 테마 찾아보기]를 클릭하고 더욱 다양한 테마를 다운로드하여 적용해 봅니다.

쑥쑥! 실력 키우기

1 엣지 브라우저의 시작 페이지를 '다음(www.daum.net)' 사이트로 지정해 보세요.

2 엣지 브라우저의 테마를 'Satin Stacks'로 설정해 보세요.

15장
별별! 내 맘속에 저장~
오늘의 미션
• 즐겨찾기 추가하기
• 컬렉션 기능 이용하기
자주 찾는 사이트는
즐겨찾기 기능을 이용해서
내 맘속에 저장~ 할 수 있어!
여기도 가고 싶고
저기도 가고 싶고, 가고 싶은
사이트가 너무 많은데
어떻게 다 기억하지?
미션 Hint
• 즐겨찾기 추가하기 : 즐겨찾기에 사이트를 추가하고 즐겨찾기 모음에 사이트를 추가할 수 있고 QR 코드를 생성하여 공유할 수 있습니다.
• 컬렉션 기능 이용하기 : 열려 있는 탭이나 보관하고 싶은 콘텐츠를 스크랩하듯이 컬렉션에 모아 놓을 수 있습니다.

01 즐겨찾기에 사이트를 추가해 보아요.

자주 가는 사이트는 즐겨찾기에 추가하고 관리할 수 있어요. 사이트를 즐겨찾기에 추가하는 방법을 알아볼까요?

1. 엣지 브라우저를 실행한 후 쥬니어 네이버(www.jr.naver.com) 사이트에 접속합니다.

2. 쥬니어 네이버 홈페이지가 나타나면 [이 페이지를 즐겨찾기에 추가]를 클릭한 후 이름과 저장할 폴더를 선택하고 [완료]를 클릭합니다.

3. [설정 및 기타]-[즐겨찾기]를 클릭하여 지정한 폴더에 '쥬니어 네이버' 사이트가 추가된 것을 확인합니다.

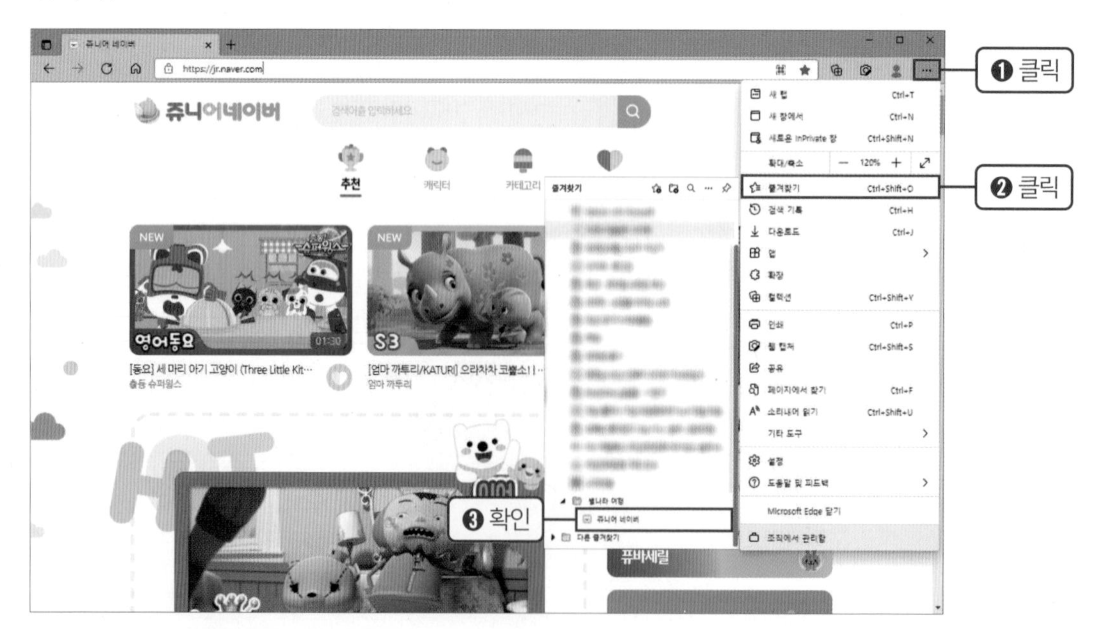

4 즐겨찾기에 추가한 사이트를 즐겨찾기 목록에서 삭제하기 위해 즐겨찾기 모음의 쥬니어 네이버를 마우스 오른쪽 단추로 클릭한 후 [삭제]를 클릭합니다.

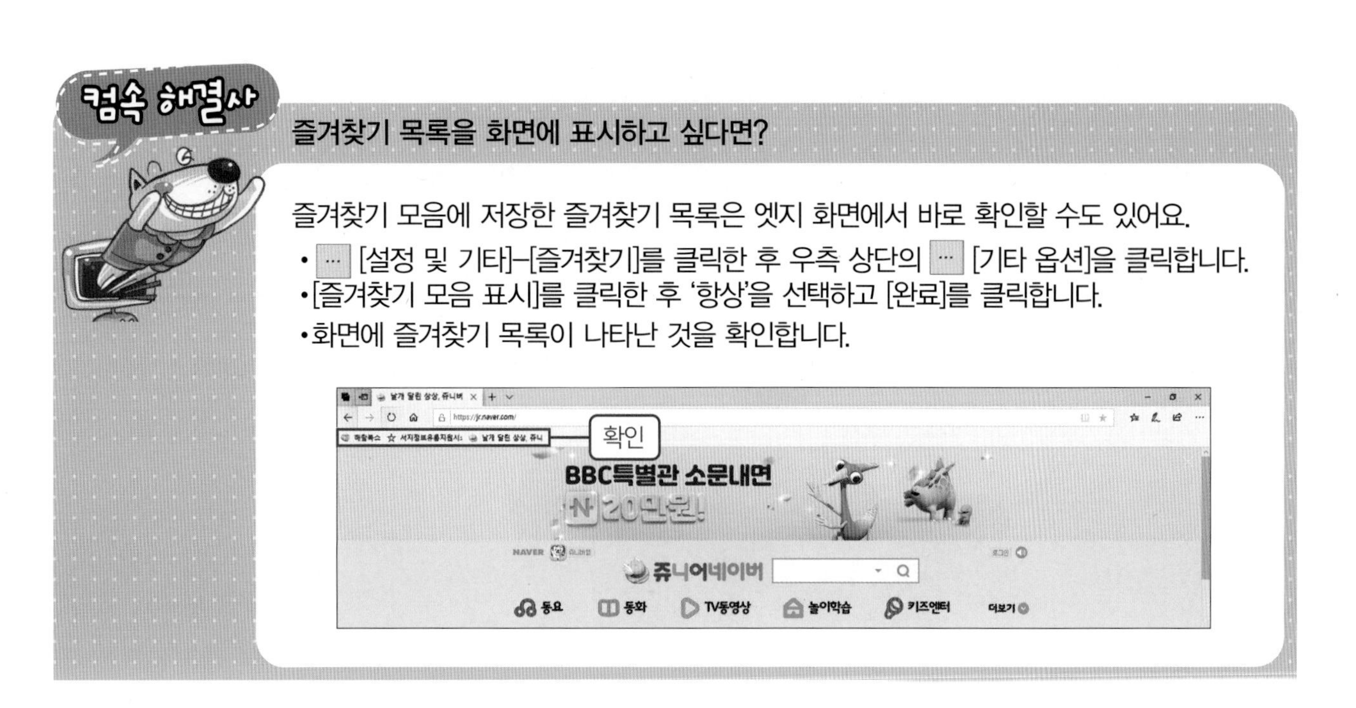

즐겨찾기 목록을 화면에 표시하고 싶다면?

즐겨찾기 모음에 저장한 즐겨찾기 목록은 엣지 화면에서 바로 확인할 수도 있어요.

- ··· [설정 및 기타]–[즐겨찾기]를 클릭한 후 우측 상단의 ··· [기타 옵션]을 클릭합니다.
- [즐겨찾기 모음 표시]를 클릭한 후 '항상'을 선택하고 [완료]를 클릭합니다.
- 화면에 즐겨찾기 목록이 나타난 것을 확인합니다.

5 엣지 브라우저에서는 원하는 페이지를 QR 코드로 만들어 QR 코드를 공유할 수 있습니다. QR 코드를 생성할 페이지의 주소 표시줄에서 [이 페이지에 대한 QR 코드 생성]을 클릭합니다.

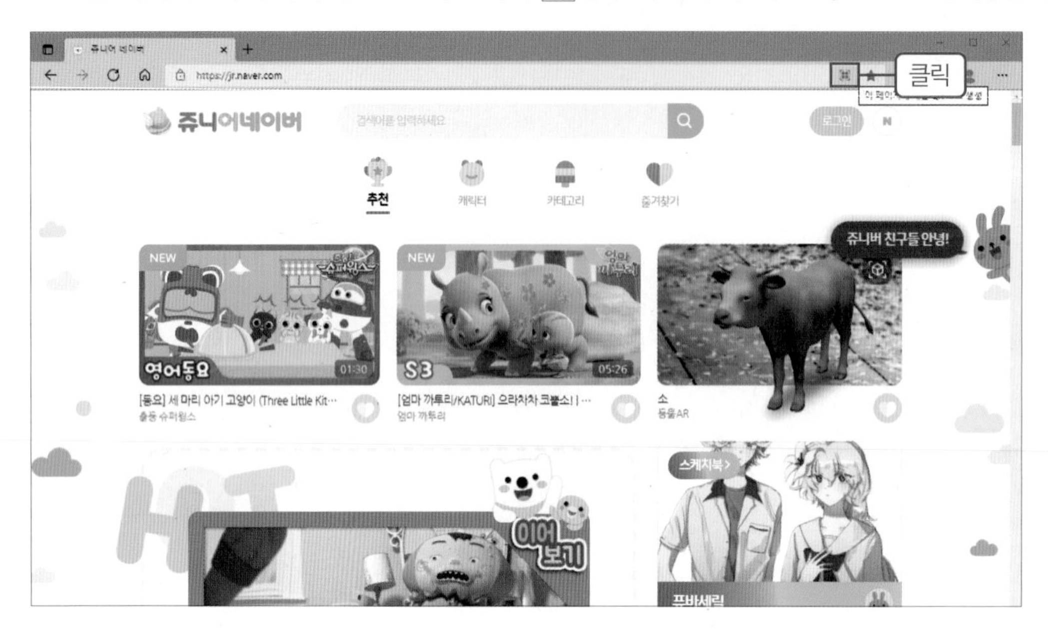

6 QR 코드로 생성할 페이지의 주소를 확인한 후 [다운로드]를 클릭하면 [다운로드] 폴더에 생성된 QR 코드 이미지가 생성됩니다. QR 코드를 스캔하여 지정한 페이지로 이동하는지 확인해 봅니다.

02 컬렉션 기능을 이용해 보아요.

엣지 브라우저에서는 열려 있는 탭이나 이미지 등 다양한 콘텐츠를 스크랩하듯이 컬렉션에 저장해 놓을 수 있어요. 나중에 사용할 콘텐츠들은 컬렉션에 저장해 놓으면 편리하게 사용할 수 있답니다.

1 [새 탭]을 클릭하여 '다음'과 '네이버' 사이트에도 접속합니다.

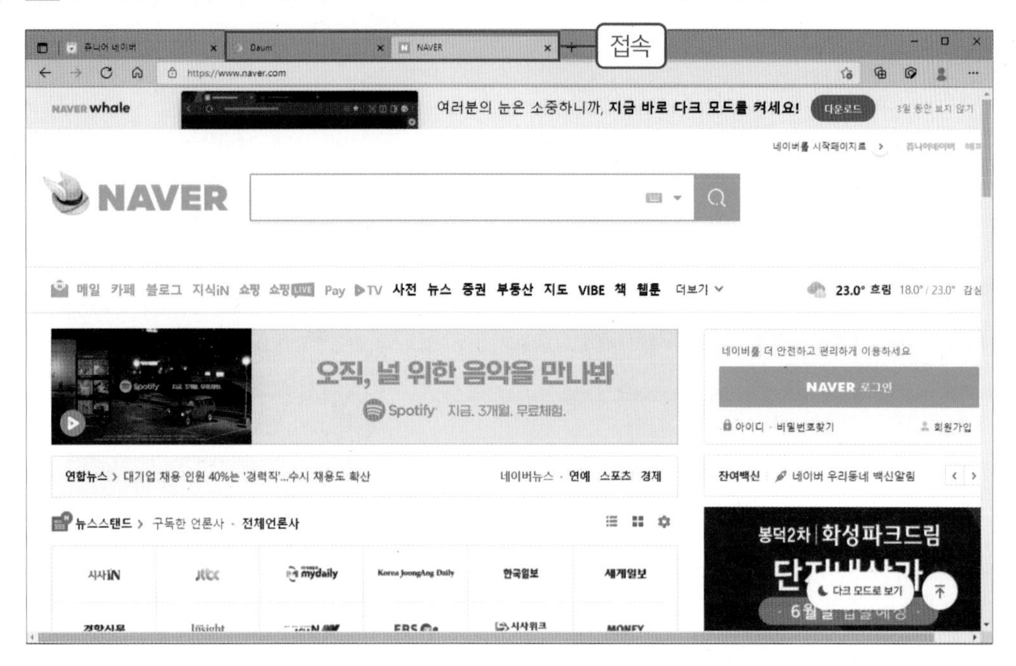

2 사이트들이 열려 있는 상태에서 [탭 작업 메뉴]-[모든 탭을 새 컬렉션에 추가]를 클릭하여 화면 오른쪽에 컬렉션에 추가된 페이지가 표시되는지 확인하고 저장된 페이지로 이동해 봅니다.

3 컬렉션에 저장하고 싶은 페이지 화면을 컬렉션 창으로 드래그하여도 페이지를 컬렉션에 추가할 수 있습니다.

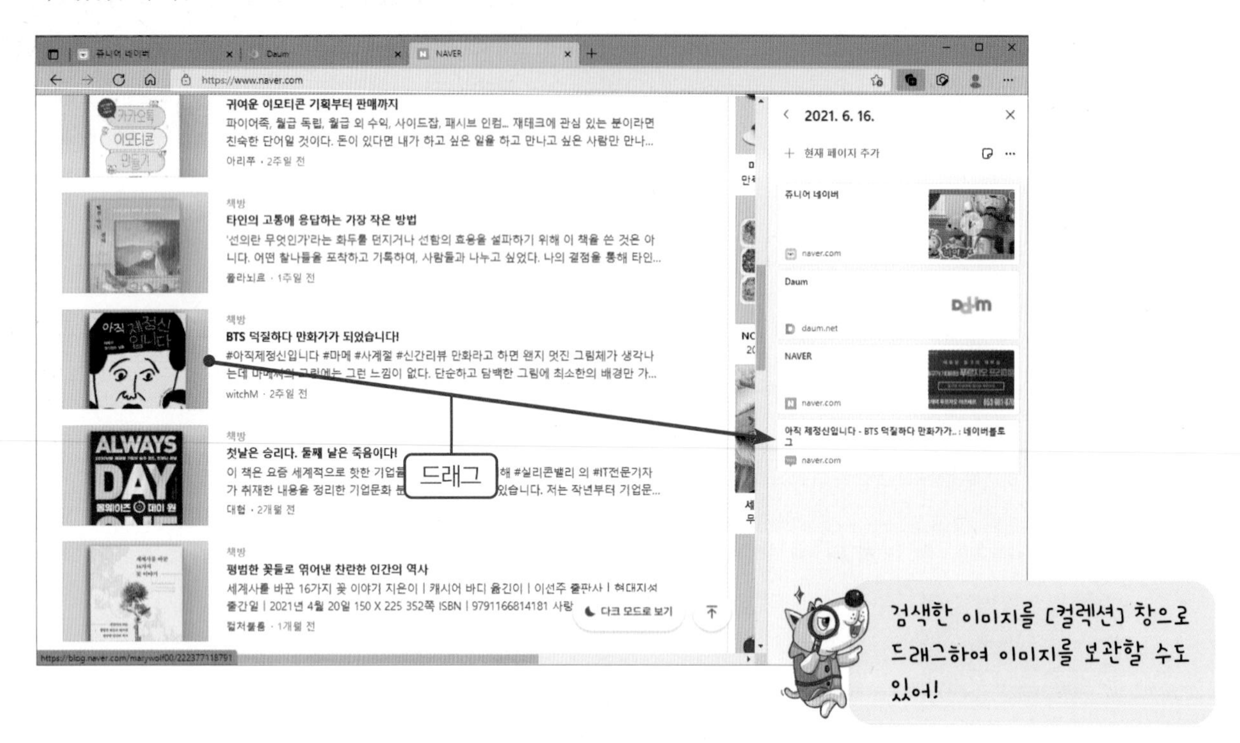

4 컬렉션에 보관해 놓은 페이지를 삭제하고 싶다면 컬렉션 목록에서 페이지의 체크 박스에 체크한 후 [삭제]를 클릭합니다.

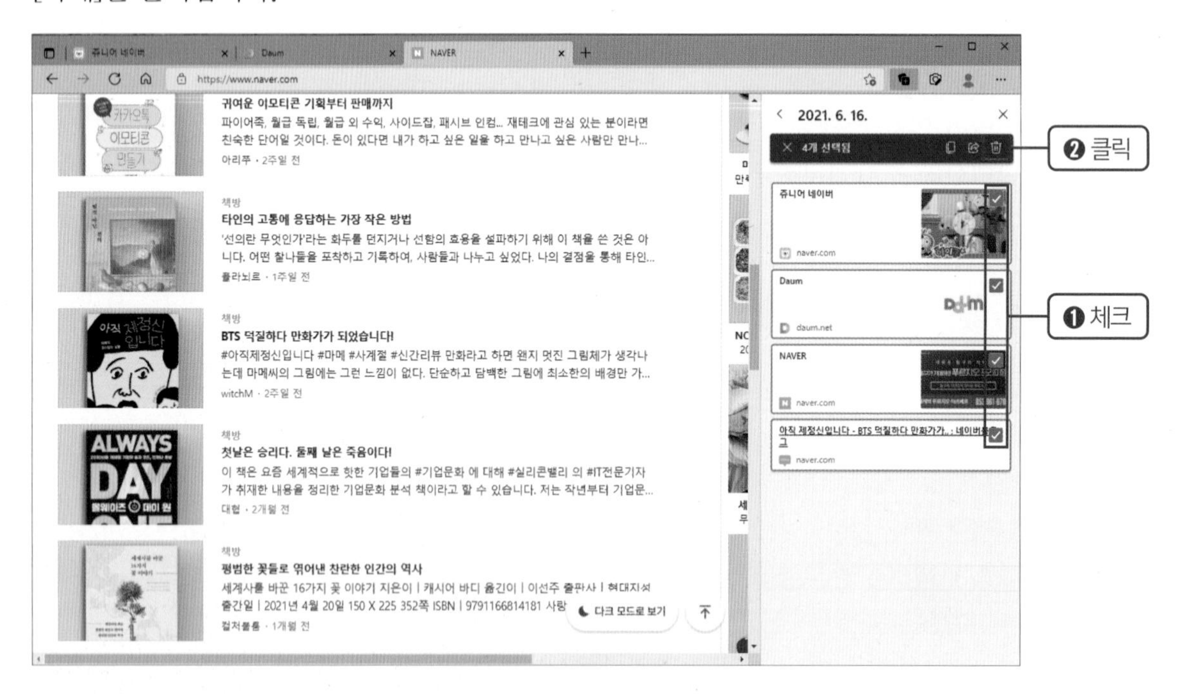

쑥쑥! 실력 키우기

1 즐겨찾기 모음에 '엔트리(palyentry.org)', '스크래치(scratch.mit.edu)', '어린이조선일보(kid.chosun.com)' 사이트를 새 폴더로 추가해 보세요.

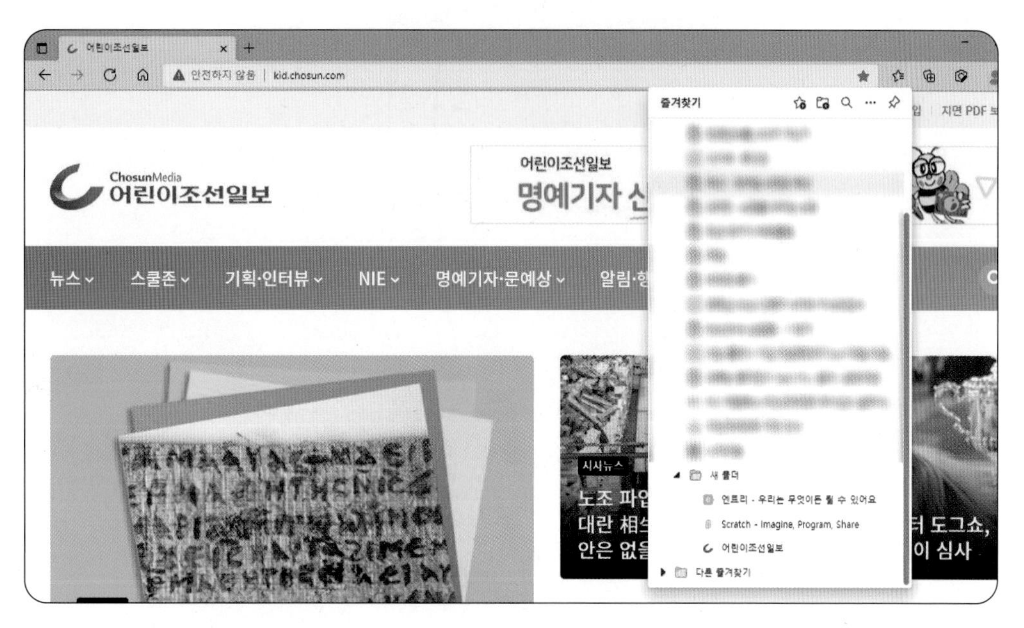

Hint [새 폴더]를 클릭하여 폴더를 생성해 보세요.

2 즐겨찾기로 저장한 엔트리 사이트의 '작품 만들기' 페이지를 컬렉션에 추가한 후 메모를 작성해 보세요.

Hint 컬렉션 창 우측 상단의 [메모 추가]를 클릭하여 메모를 입력해 보세요.

16장
편하게 읽자! 독서왕 별나라
오늘의 미션
•소리내어 읽기 기능 이용하기
•웹 캡처 기능 이용하기
웹 캡처
그리기
지우기
충무공 이순신
까비야,
그럴 땐 '소리내어 읽기' 기능을 사용하면 된다구!
뉴스를 보고 싶은데 눈이 너무 피곤해! 누가 뉴스를 읽어줬으면 좋겠어.
미션 Hint
•소리내어 읽기 기능 이용하기 : '소리내어 읽기' 기능을 사용하여 페이지 내 텍스트를 소리내어 읽어주도록 할 수 있습니다.
•웹 캡처 기능 이용하기 : 중요한 페이지를 캡처하여 페이지에 필기를 하고 별도로 저장할 수 있습니다.

01 소리내어 읽기 기능을 이용해 보아요.

포털 사이트에서 글을 읽을 때 누군가 글을 읽어줬으면 좋겠다고 생각한 적이 있나요? 엣지 브라우저에서는 페이지의 텍스트를 음성으로 읽어주는 소리내어 읽기 기능이 있어요. 그럼 지금부터 뉴스를 소리내어 읽어주도록 하는 방법을 알아볼까요?

1 엣지 브라우저를 실행하고 '다음' 사이트에 접속한 후 '뉴스'를 클릭합니다.

2 검색창에 '아빠가 가르치는 코딩 교육'을 입력한 후 [검색] 단추를 클릭하고 해당 제목의 뉴스 기사를 클릭합니다.

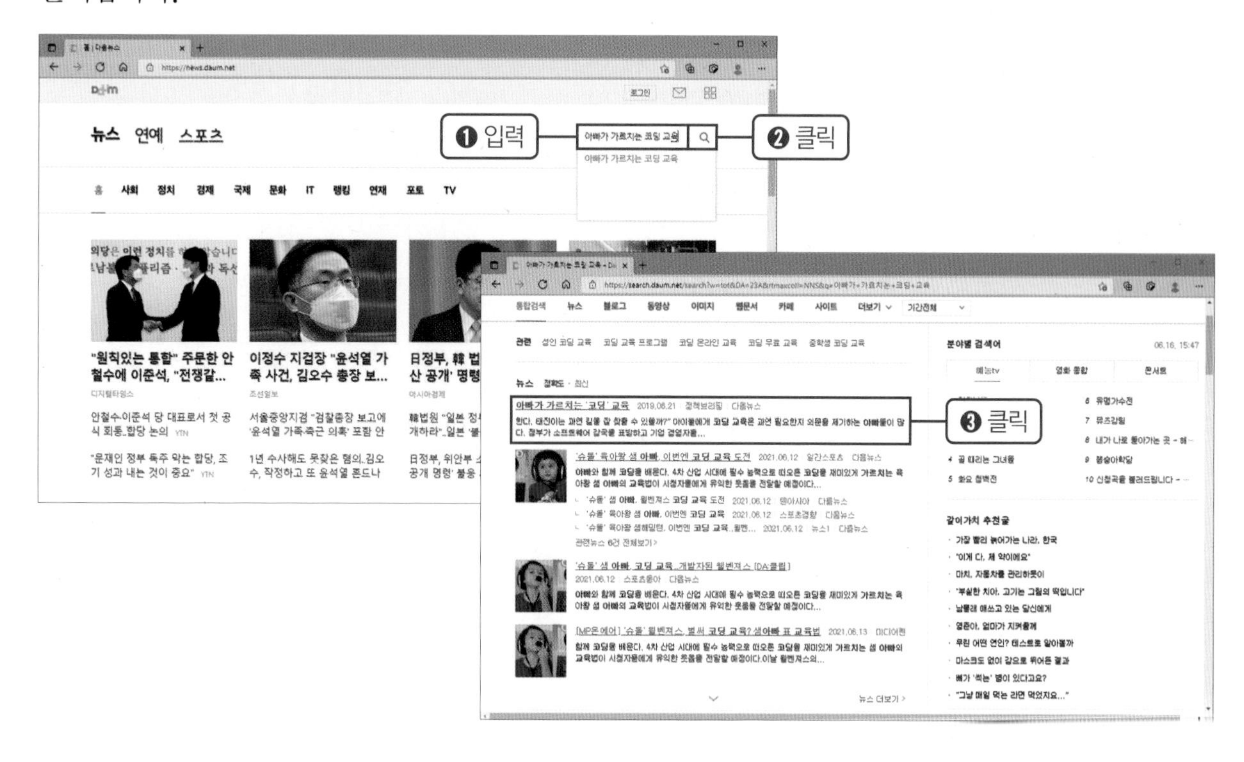

3 뉴스 페이지가 나타나면 ··· [설정 및 기타]를 클릭하고 [소리내어 읽기]를 클릭합니다.

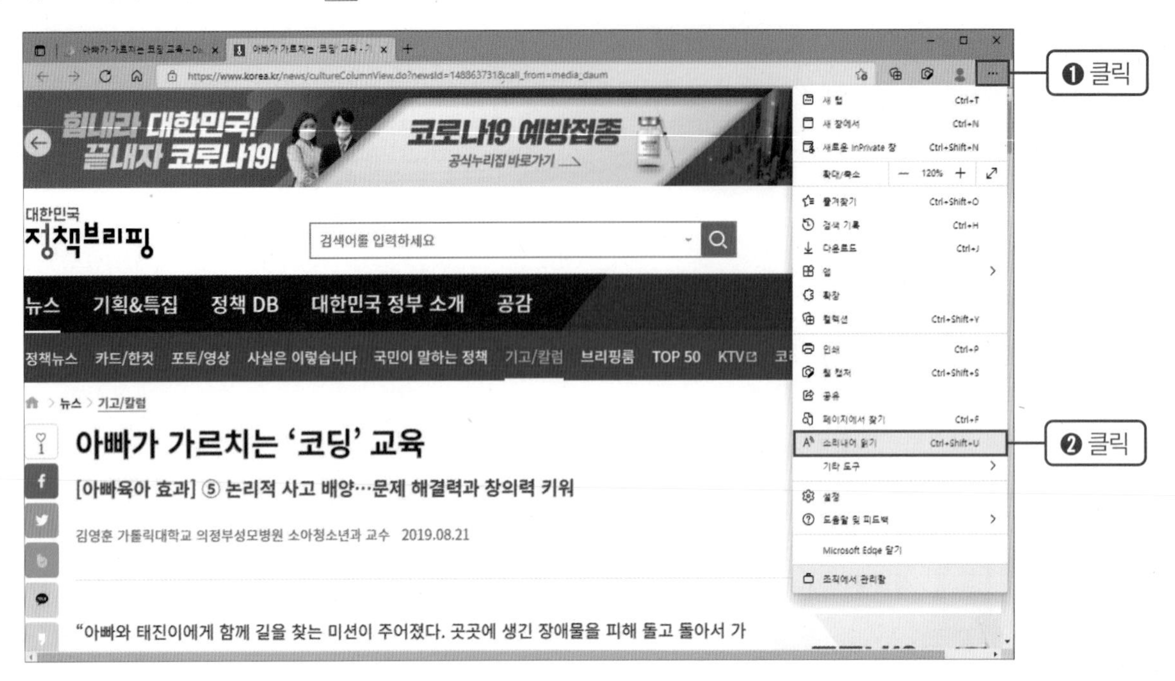

4 페이지 상단에 소리내어 읽기 메뉴가 나타나고 페이지의 텍스트를 읽어주며 읽어주는 텍스트가 노란색으로 표시되는 것을 확인합니다.

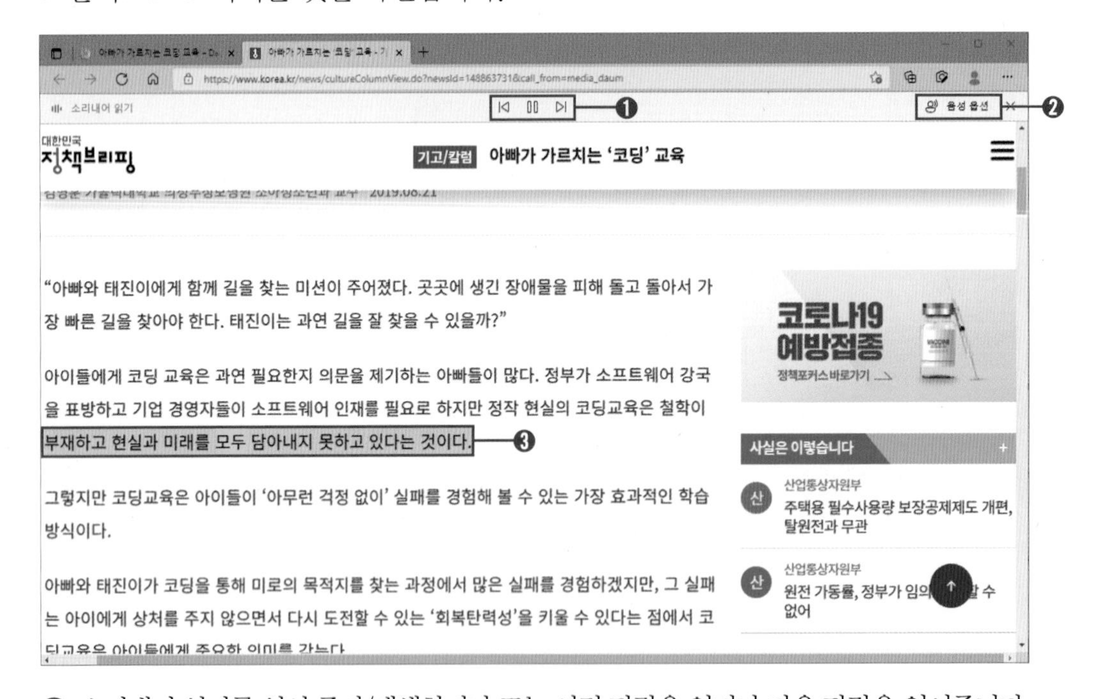

❶ 소리내어 읽기를 일시 중지/재생하거나 또는 이전 단락을 읽거나 다음 단락을 읽어줍니다.
❷ 소리의 빠르기를 조절하고 음성을 선택할 수 있습니다.
❸ 소리내어 읽어주는 부분이 표시됩니다.

웹 캡처 기능을 이용해 보아요.

페이지 내의 중요한 부분에 직접 필기하여 저장하고 싶다고요? 엣지 브라우저에는 페이지를 캡처하고 페이지에 직접 필기를 할 수 있는 기능이 있어요. 그럼 지금부터 웹 캡처 기능을 이용하는 방법을 알아볼까요?

1. 네이버 사이트의 검색창에 '이순신'을 입력한 후 [검색] 단추를 클릭합니다.

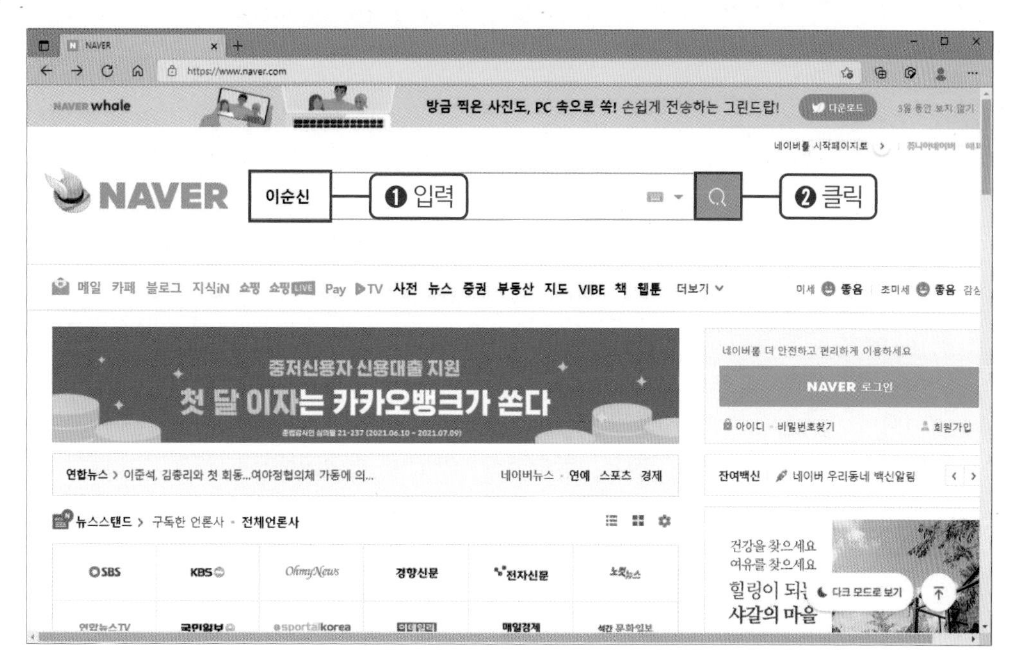

2. [지식백과] 카테고리에서 '이순신'에 대한 첫 번째 검색 결과를 클릭합니다.

3. 페이지가 열리면 오른쪽 상단의 [웹 캡처]를 클릭합니다.

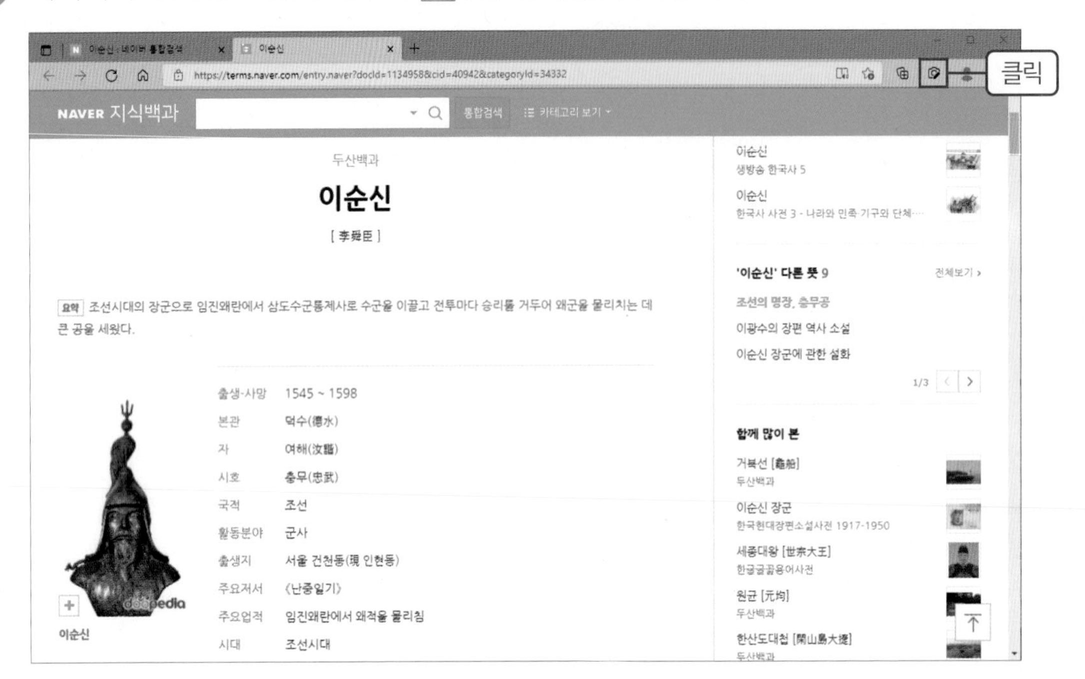

4. 캡처 도구가 활성화되면 [전체 페이지 캡처]를 클릭하여 화면을 캡처합니다.

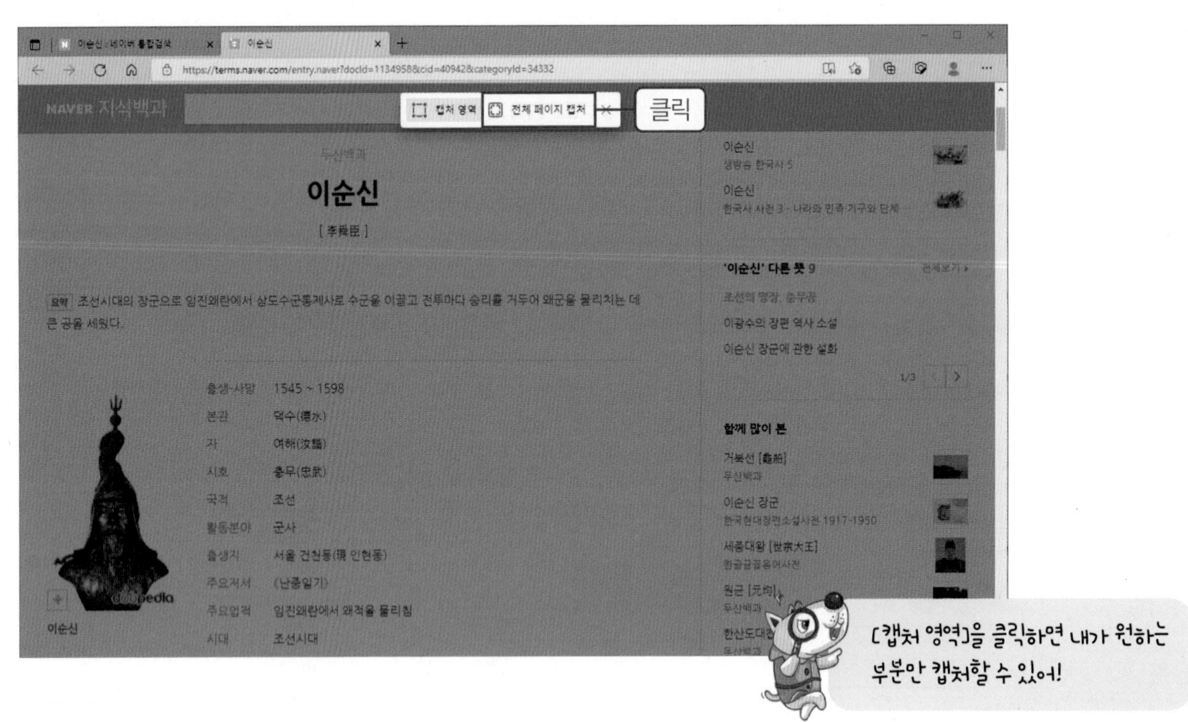

5 캡처된 페이지가 나타나면 상단의 [그리기]를 클릭하고 원하는 펜의 색상과 두께를 선택한 후 원하는 부분에 필기해 봅니다.

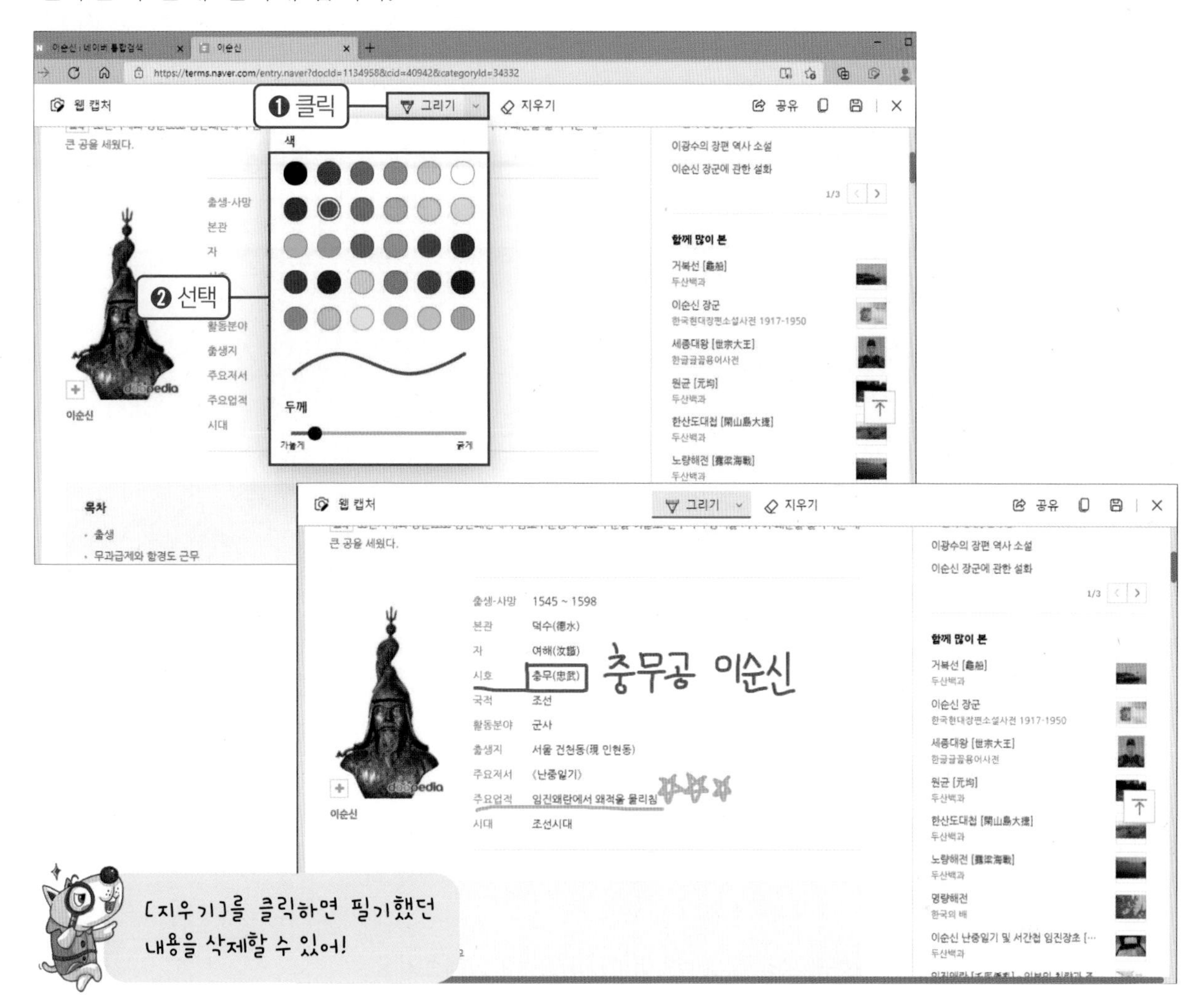

6 필기한 페이지를 이미지 파일로 저장하기 위해 화면 오른쪽 상단의 [저장]을 클릭하여 페이지를 저장합니다.

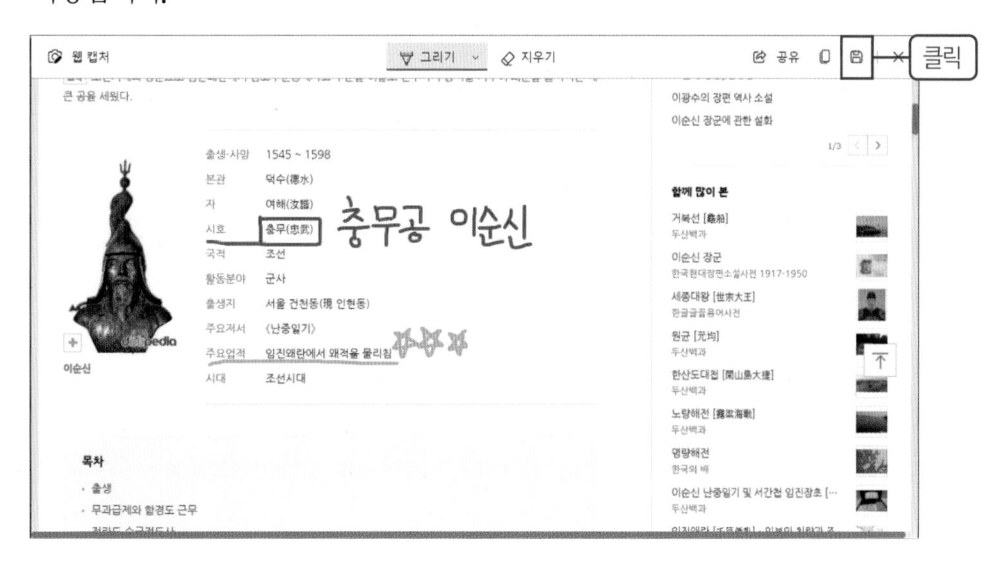

쑥쑥! 실력 키우기

1 '네이버(www.naver.com)' 사이트에서 '거북선'을 검색한 후 웹 캡처 기능을 이용하여 그림과 같이 캡처해 보세요.

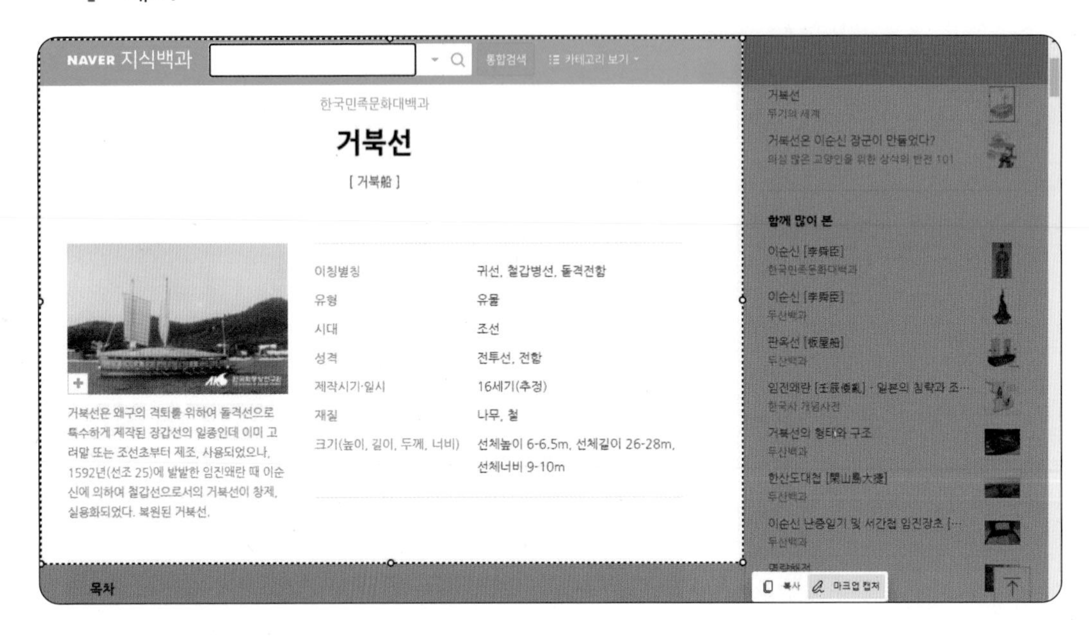

2 캡처한 페이지에 다음과 같이 필기한 후 이미지 파일로 저장해 보세요.

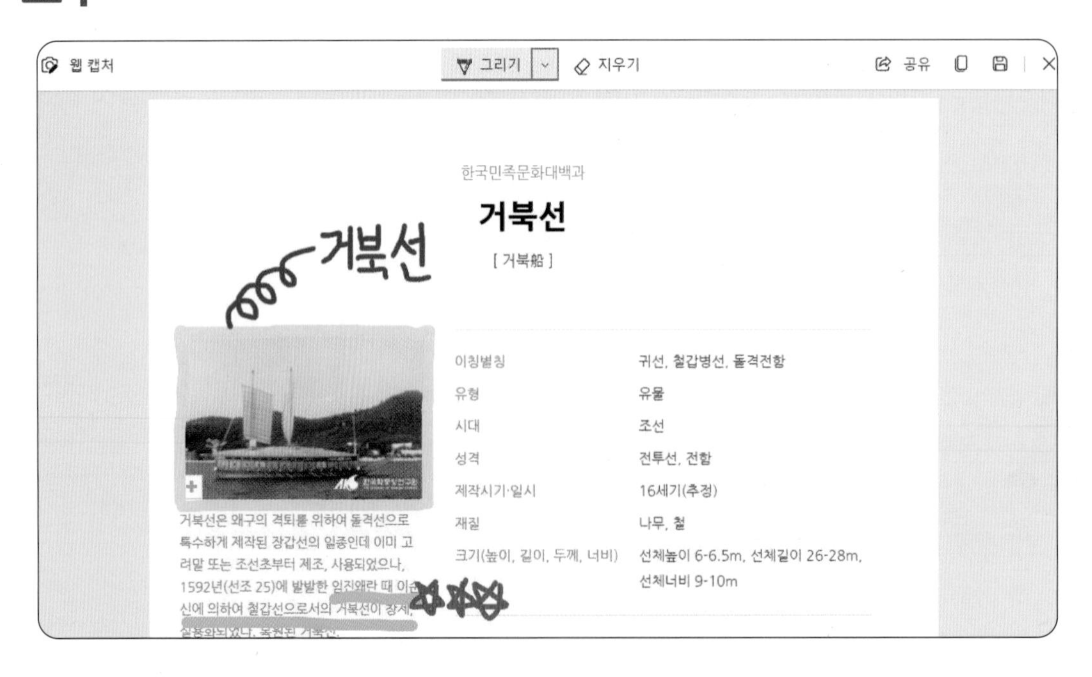

17장
별과 함께 여기 여기 멈춰라!
오늘의 미션
•시작 화면에 사이트 고정하기
•작업 표시줄에 사이트 고정하기
슬기야, 윈도우10 시작 화면에 못 보던 앱이 생겼어! 저건 뭐야?
응. 저건 내가 자주 가는 사이트를 시작 화면에 고정시킨 거야. 너도 한 번 해볼래?
미션 Hint
•시작 화면에 사이트 고정하기 : 윈도우10 시작 화면에 자주 가는 사이트를 앱 타일로 고정할 수 있습니다.
•작업 표시줄에 사이트 고정하기 : 윈도우10 작업 표시줄에 자주 가는 사이트를 고정할 수 있습니다.

01 시작 화면에 사이트를 고정해 보아요.

윈도우10 별나라에서는 자주 가는 사이트를 시작 화면에 앱으로 고정하고 편하게 사이트에 접속할 수 있어요. 지금부터 시작 화면에 사이트를 고정하는 방법을 알아볼까요?

1. 엣지 브라우저를 실행한 후 시작 화면에 고정할 사이트에 접속합니다.

2. 고정할 사이트가 열려 있는 상태에서 ··· [설정 및 기타]를 클릭하고 [앱]–[이 사이트를 앱으로 설치]를 클릭합니다.

3. [앱 설치] 대화 상자가 나타나면 앱 이름으로 지정할 이름을 입력한 후 [설치]를 클릭합니다.

4 앱으로 지정한 사이트가 새로운 창으로 열리면 창을 닫고 바탕 화면으로 돌아와 [시작] 단추(⊞)를 클릭하여 앱 목록에 앱으로 지정한 사이트가 표시되는 것을 확인합니다.

5 '네이버' 앱을 앱 타일로 고정시키기 위해 앱 목록의 '네이버' 앱을 시작 화면으로 드래그합니다.

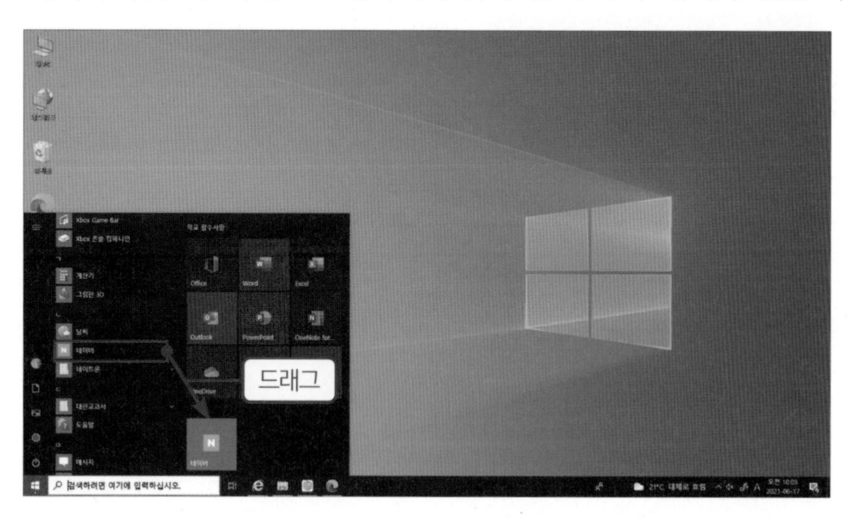

6 '네이버' 앱 타일을 시작 화면에서 제거하고 싶다면 '네이버' 앱 타일을 마우스 오른쪽 단추로 클릭한 후 '시작 화면에서 제거'를 클릭합니다.

02 작업 표시줄에 사이트를 고정해 보아요.

자주 방문하는 사이트를 시작 페이지로 지정한 후 사용할 수도 있지만 작업 표시줄에 사이트를 고정할 수도 있어요. 작업 표시줄에 사이트를 고정하는 방법을 알아볼까요?

1. 작업 표시줄에 고정할 사이트가 열려 있는 상태에서 ··· [설정 및 기타]를 클릭하고 [기타 도구]-[작업 표시줄에 고정]을 클릭합니다.

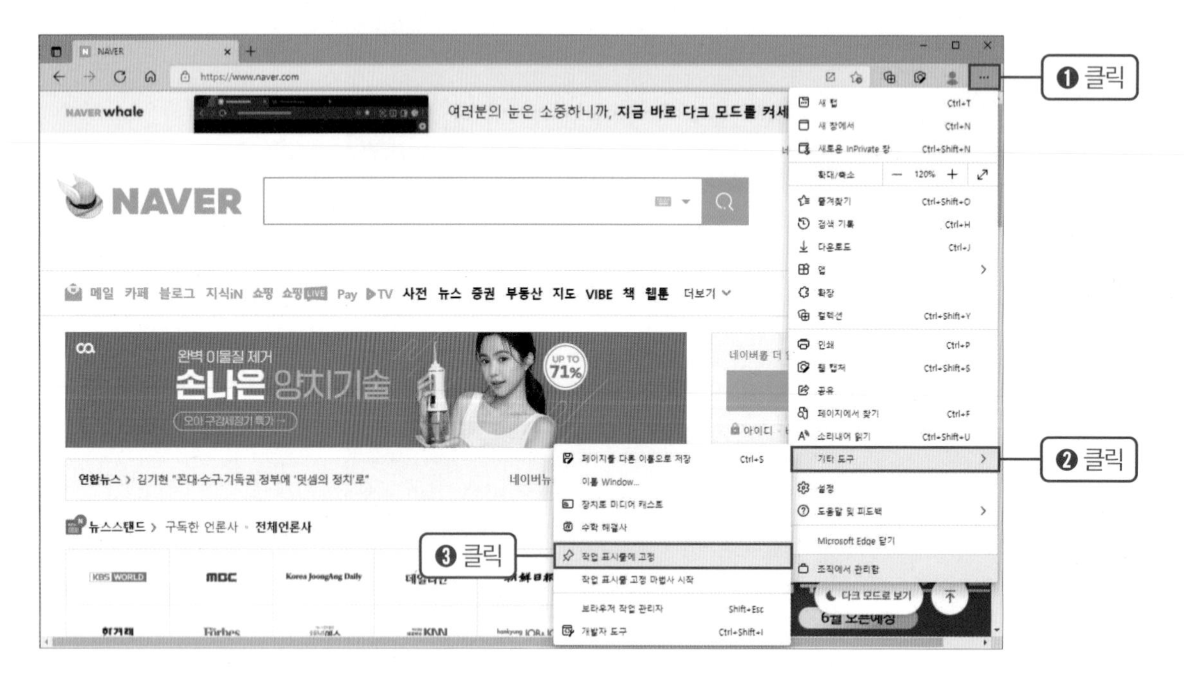

2. [작업 표시줄에 고정] 대화 상자가 나타나면 [고정]을 클릭하여 작업 표시줄에 사이트가 고정된 것을 확인합니다.

작업 표시줄에 고정된 사이트의 아이콘을 클릭하면 엣지 브라우저가 실행되면서 해당 사이트가 열려!

1 '쥬니어 네이버(jr.naver.com)' 사이트를 시작 화면에 고정시켜 보세요.

2 '유튜브(www.youtube.com)' 사이트를 작업 표시줄에 고정시켜 보세요.

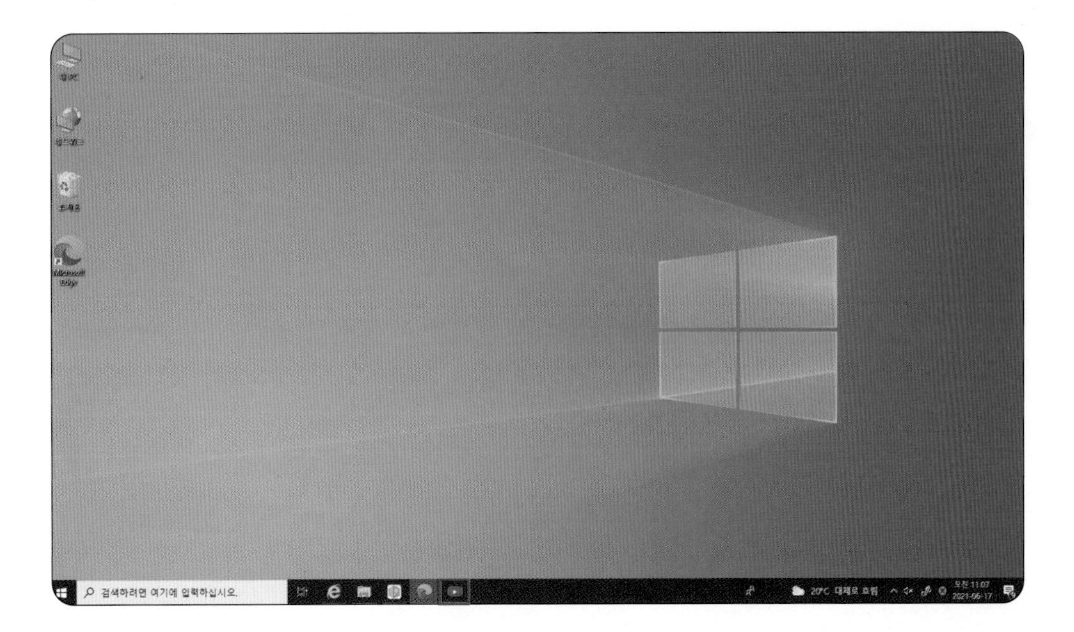

18장
통역사 별나라!
오늘의 미션
•한국어 페이지 외국어로 번역하기
•외국어 페이지 한국어로 번역하기
까비야,
엣지 별나라에는 페이지를
자동으로 번역해주는 번역 기능이
있다구. 엣지 통역사에게
도움을 요청해봐!
영어 신문을 읽고 싶은데..
도대체 무슨 말인지 모르겠어!
영어 사전을 찾아야 하나?
미션 Hint
•한국어 페이지 외국어로 번역하기 : 한국어로 표시되어 있는 페이지를 원하는 외국어로 번역할 수 있습니다.
•외국어 페이지 한국어로 번역하기 : 외국어로 표시되어 있는 페이지를 한국어로 번역할 수 있습니다.

01 한국어 페이지를 외국어로 번역해 보아요.

외국 친구들이 우리나라 뉴스 기사를 읽으려면 너무 어렵겠죠? 그럴 땐 엣지 브라우저의 번역 기능을 이용하면 돼요. 그럼, 외국 친구들을 도와줄 수 있도록 우리나라 뉴스 기사를 외국어로 번역하는 방법을 알아볼까요?

1. 엣지 브라우저를 실행한 후 '네이버(www.naver.com)' 사이트에 접속합니다. 검색창에 '독도'를 입력하고 [검색] 단추를 클릭합니다.

2. [지식백과] 카테고리에서 '독도'에 대한 첫 번째 검색 결과를 클릭합니다.

3 웹 페이지가 열리면 페이지를 마우스 오른쪽 단추로 클릭한 후 [한국어으(로) 번역]을 클릭합니다.

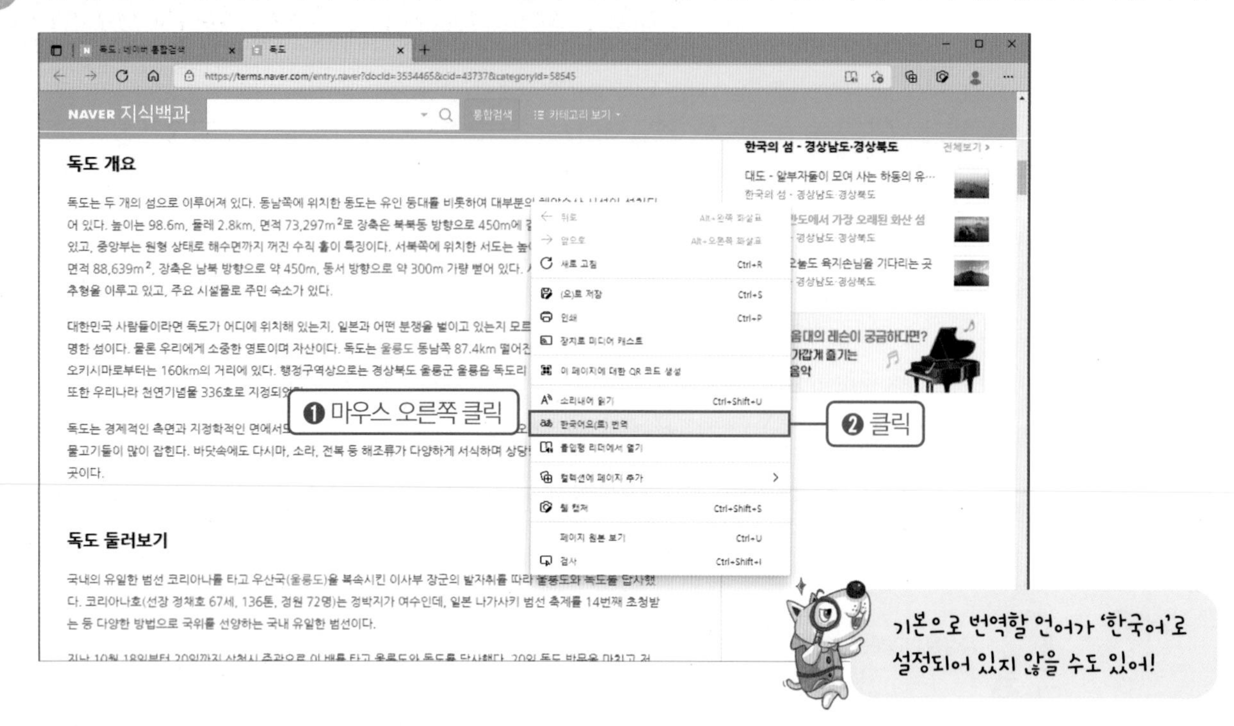

4 주소 표시줄에 나타나는 번역 아이콘을 클릭하여 [번역된 페이지] 대화 상자가 나타나면 번역 대상에서 원하는 언어를 선택한 후 [번역]을 클릭합니다.

5 페이지가 선택한 언어로 번역된 모습을 확인합니다.

6 같은 방법으로 페이지를 '영어'로도 번역해 봅니다.

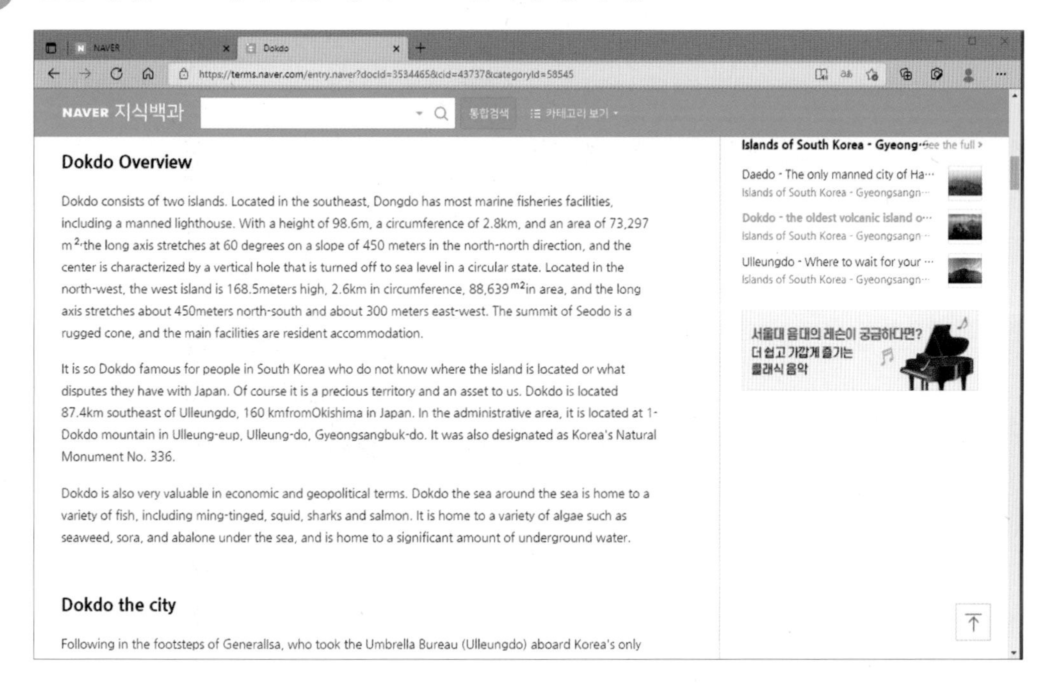

외국어 페이지를 한국어로 번역해 보아요.

이용하고 싶은 외국 사이트가 있는데 전부 외국어로 되어 있어 이용을 못하고 있다구요? 엣지 브라우저의 번역 기능을 이용해 페이지를 한국어로 번역해 보세요!

1. 주소 표시줄에 www.ixl.com을 입력한 후 Enter를 눌러 사이트에 접속합니다.

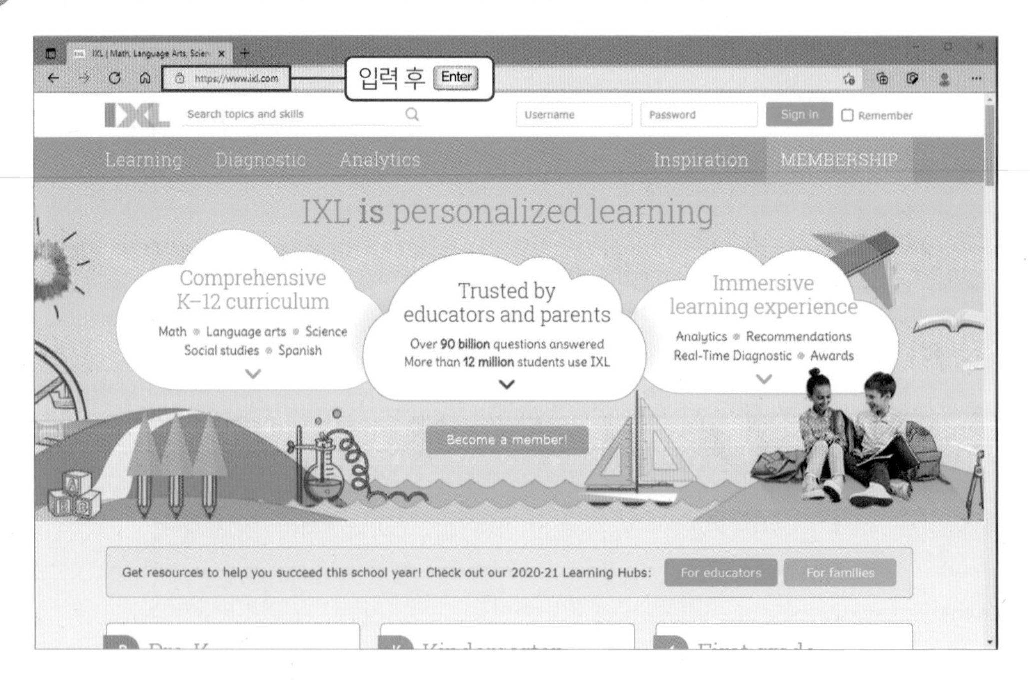

2. 페이지를 마우스 오른쪽 단추로 클릭하여 [영어으(로) 번역]을 클릭합니다.

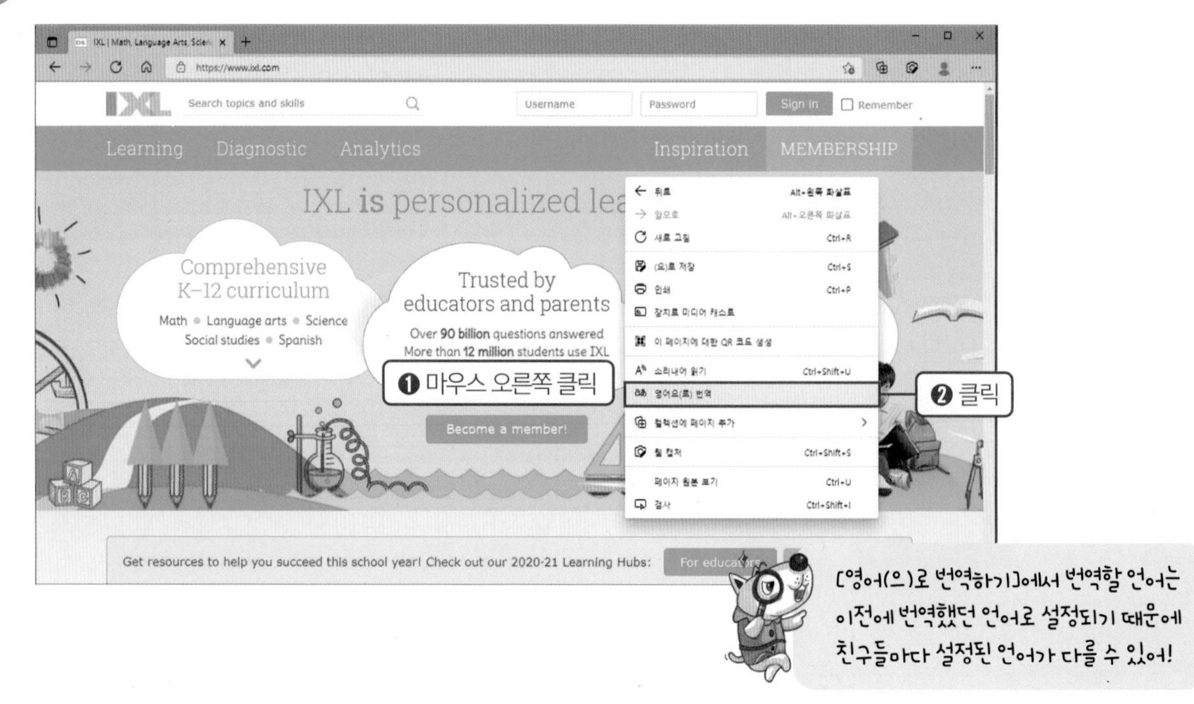

3 주소 표시줄에 나타나는 번역 아이콘을 클릭하여 [번역된 페이지] 대화 상자가 나타나면 번역 대상에서 '한국어'를 선택하고 '항상 영어에서 페이지를 번역합니다.'에 체크한 후 [번역]을 클릭합니다.

4 영어 페이지가 한국어로 번역된 것을 확인합니다.

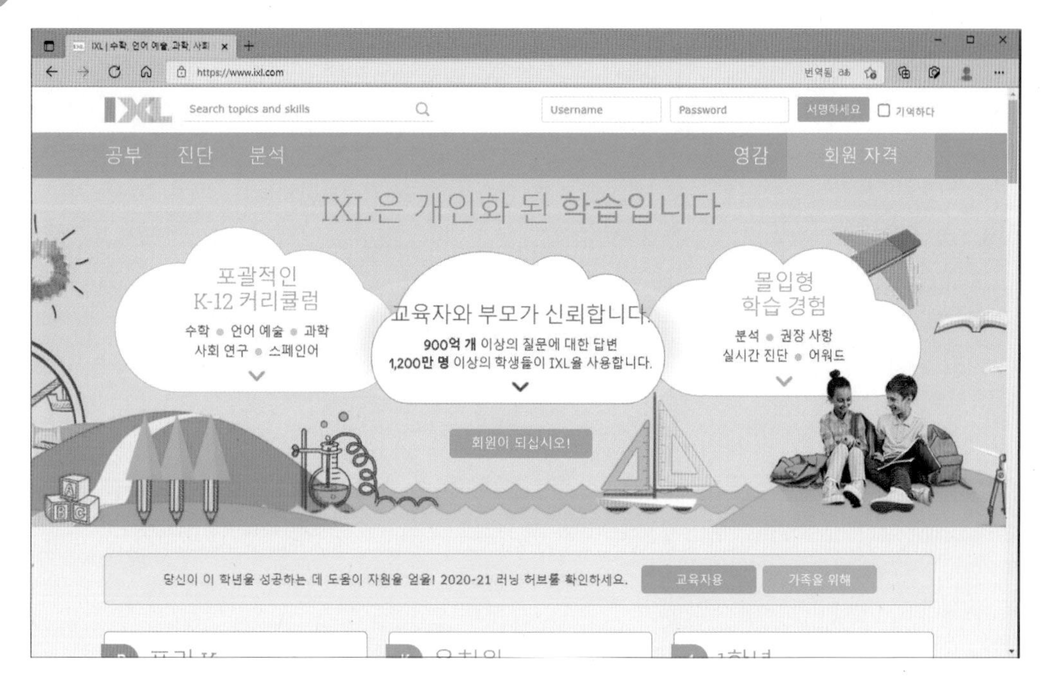

5 앞에서 배운 내용을 참고하여 페이지를 다양한 언어로 번역해 봅니다.

쑥쑥! 실력 키우기

1 '네이버(www.naver.com)' 사이트에서 '광복절'을 검색한 후 다음과 같이 일본어로 번역해 보세요.

2 'www.kidztype.com' 사이트에 접속하여 페이지를 한국어로 번역한 후 타자 연습 게임을 해보세요.

19장
발자국을 남기는 별이 있어!
오늘의 미션
• 검색 기록 확인하기
• 검색 기록 삭제하기
까비야,
엣지 별나라에 재밌는 게 많나봐.
여기 저기 엄청 구경하고 다녔구나!
헉! 그걸 어떻게 알았어?
미션 Hint
• 검색 기록 확인하기 : 방문한 사이트의 이름과 주소, 방문한 날짜 등을 확인할 수 있습니다.
• 검색 기록 삭제하기 : 방문했던 사이트와 검색 기록을 삭제할 수 있습니다.

검색 기록을 확인해 보아요.

엣지 별나라에서 이곳 저곳 구경하고 나면 '검색 기록'이 자동으로 저장되는데, 방문했던 사이트를 다시 방문하고 싶을 때 유용하게 사용할 수 있어요. 검색 기록을 확인하는 방법을 알아볼까요?

1 엣지 브라우저를 실행한 후 ⋯ [설정 및 기타]를 클릭하고 [검색 기록]을 클릭합니다.

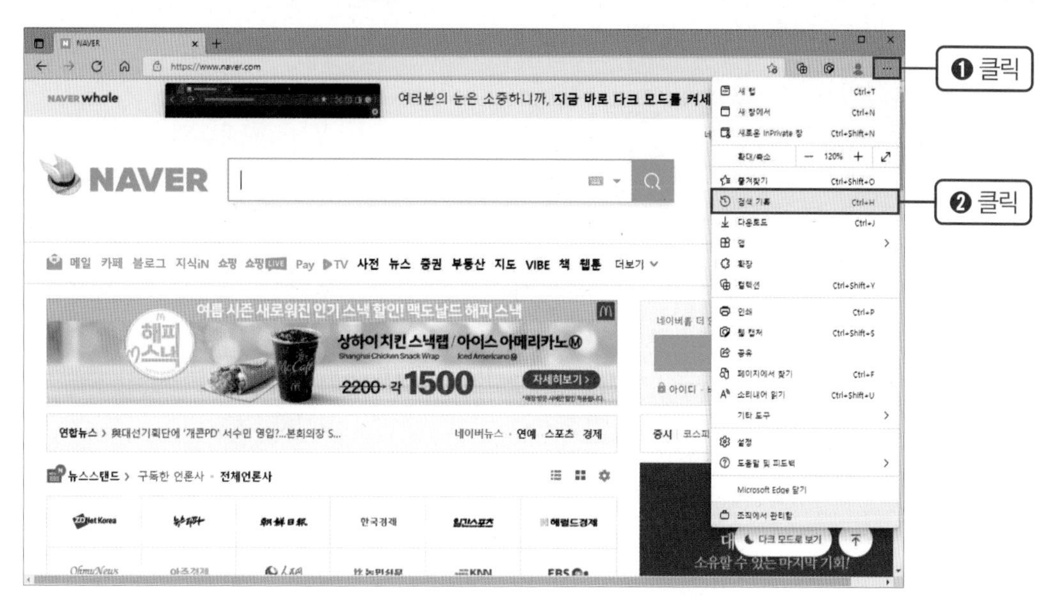

2 [검색 기록] 창이 나타나면 '모두'를 클릭하여 최근에 방문한 사이트 이름과 시간이 날짜별로 표시되는 것을 확인합니다.

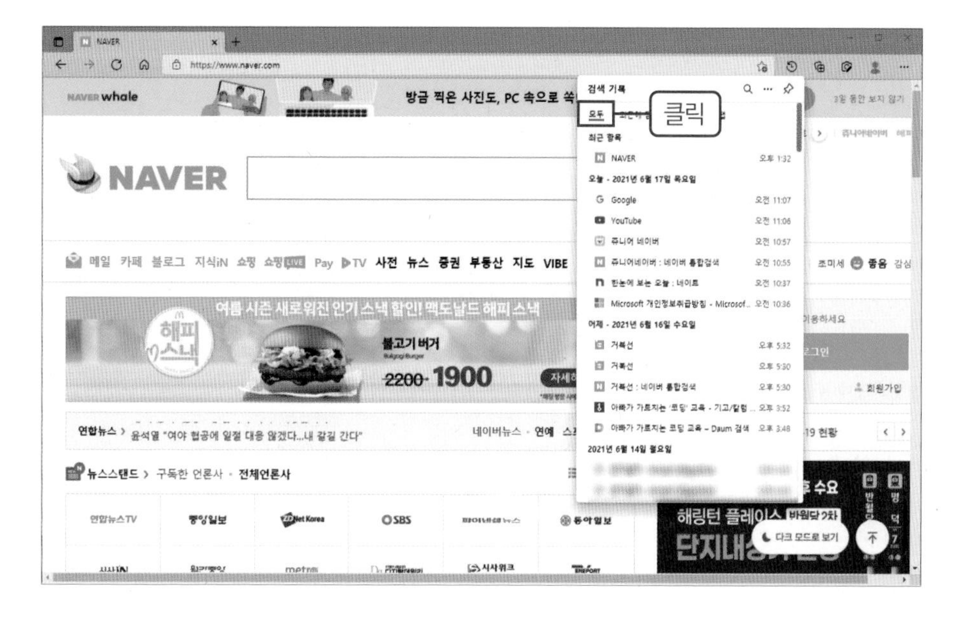

검색 기록을 삭제해 보아요.

내 컴퓨터가 아닌 공용 컴퓨터에서 엣지 별나라를 구경한 후에는 흔적을 남기고 싶지 않겠죠? 흔적을 지우기 위해 검색 기록을 삭제하는 방법을 알아볼까요?

1. [검색 기록] 창에서 삭제하고 싶은 검색 기록 목록에 마우스 포인터를 가져다 대고 ⊠ [삭제]를 클릭하여 해당 기록이 삭제되는 것을 확인합니다.

2. 검색 기록을 한 번에 삭제하기 위해 검색 기록 오른쪽 상단에 있는 ⋯ [기타 메뉴]를 클릭한 후 [검색 데이터 지우기]를 클릭합니다.

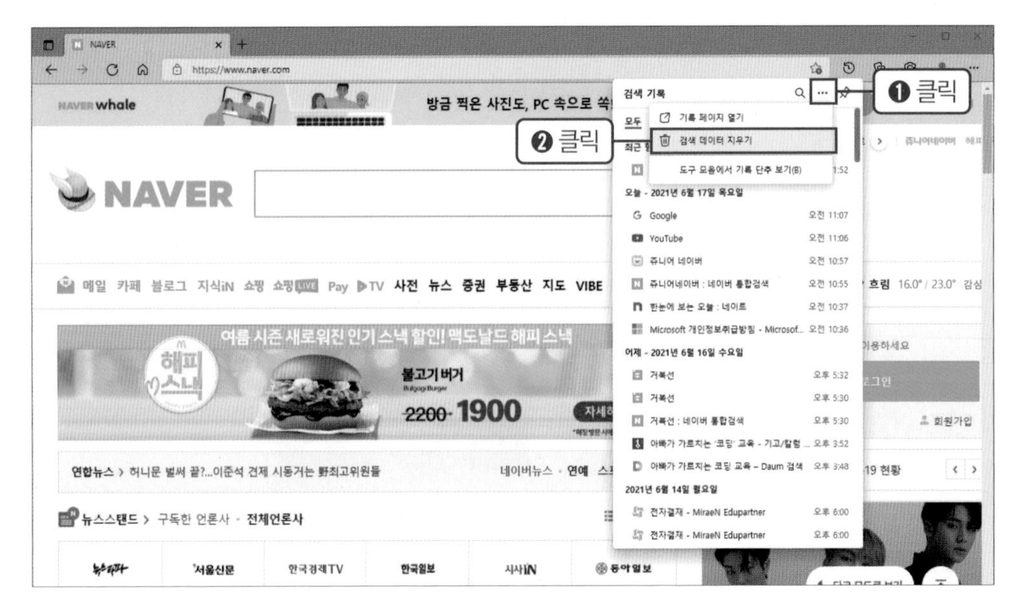

3. [설정] 창이 열리고 [검색 데이터 지우기] 대화 상자가 나타나면 삭제할 데이터의 시간 범위와 데이터 항목을 지정한 후 [지금 지우기]를 클릭합니다.

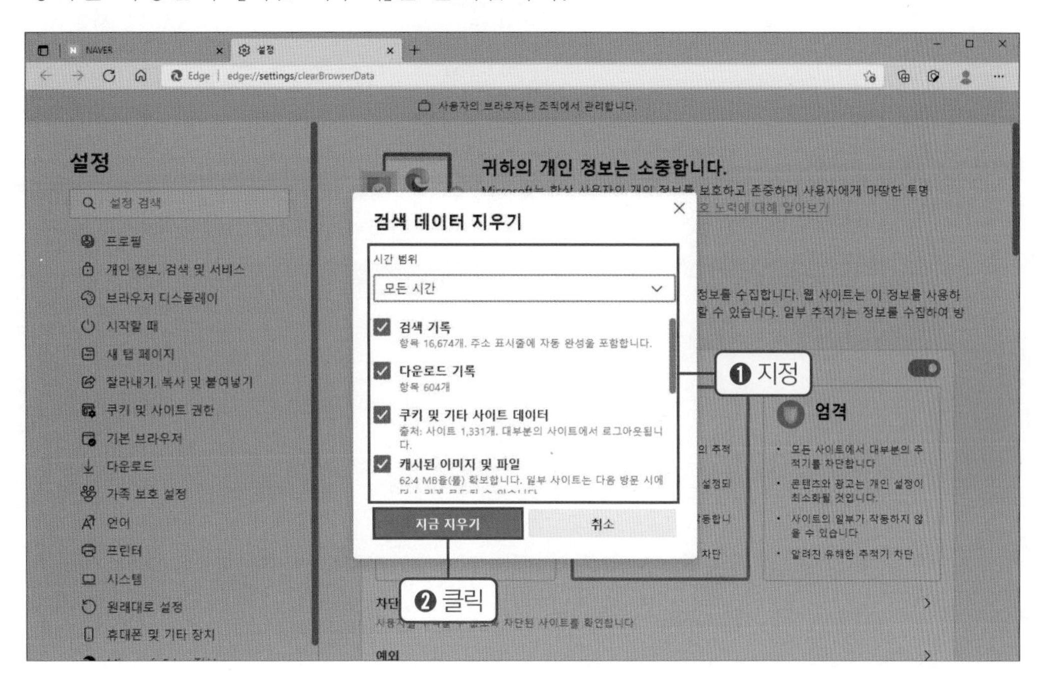

4. 다시 [검색 기록] 창을 펼친 후 지정한 조건대로 검색 기록이 삭제된 것을 확인합니다.

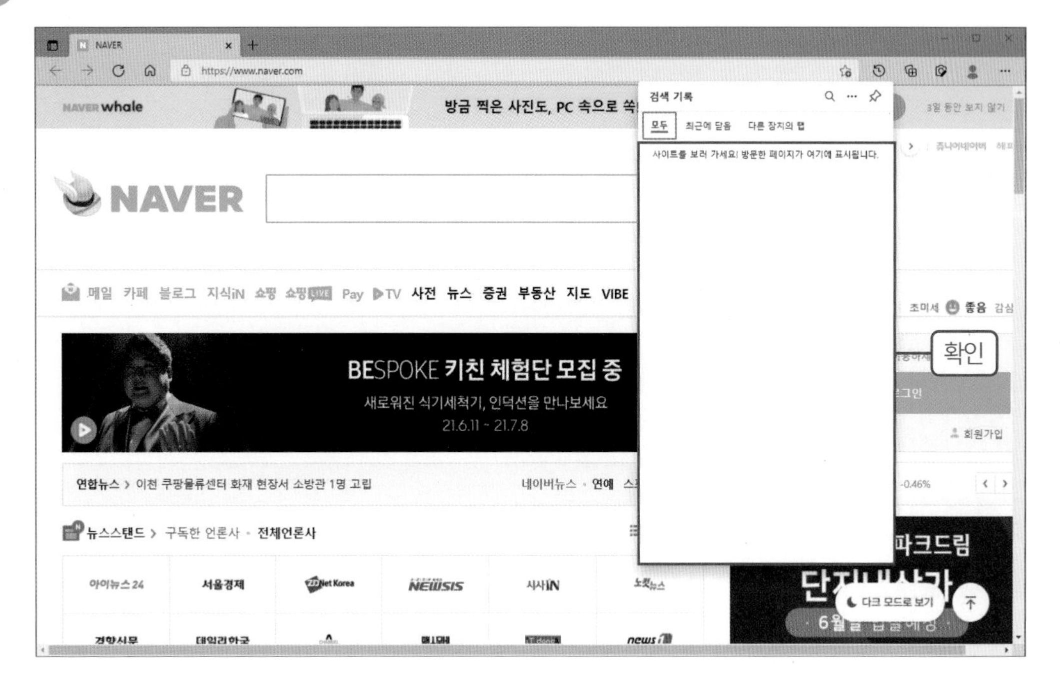

쑥쑥! 실력 키우기

1 엣지 브라우저에서 어제의 검색 기록을 확인해 보세요.

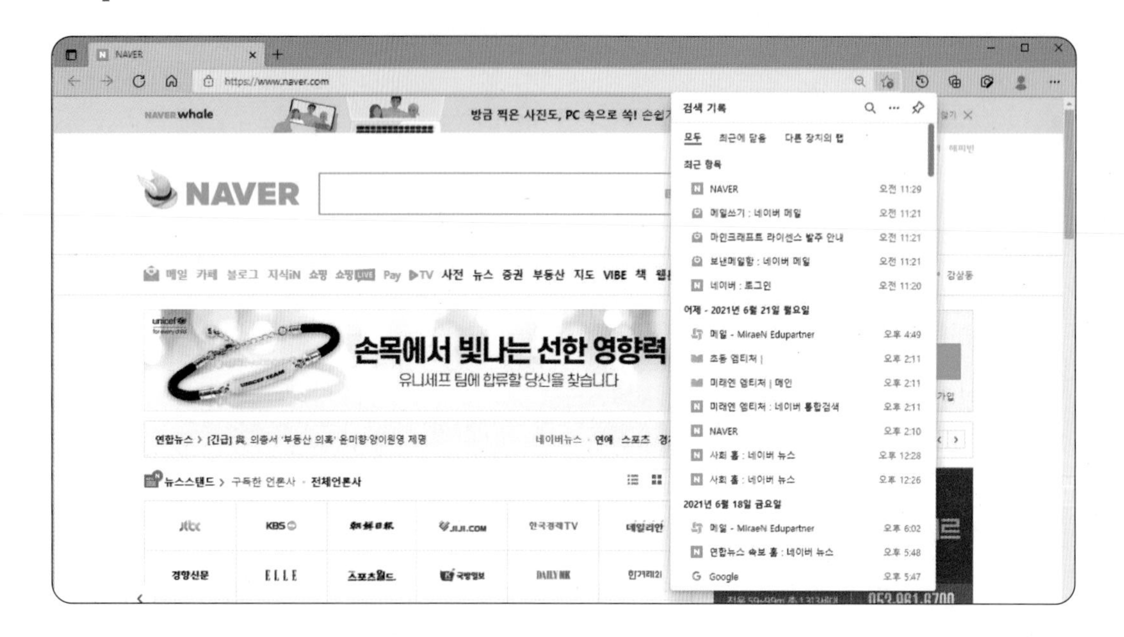

2 검색 기록을 확인한 후 기록을 모두 삭제해 보세요.

20장 내가 좋아하는 별만 모아 모아!

오늘의 미션

- 사이트에서 이미지 저장하기
- 사이트에서 노래 가사 저장하기

미션 Hint

- **사이트에서 이미지 저장하기** : 네이버 사이트에서 원하는 내용을 검색하고 관련 이미지를 저장할 수 있습니다.
- **사이트에서 노래 가사 저장하기** : 네이버 사이트에서 원하는 노래를 검색하고 가사를 메모장 파일로 저장할 수 있습니다.

01 이미지를 저장해 보아요.

포털 사이트에 내가 좋아하는 연예인이나 동물, 물건, 캐릭터 등을 검색하면 관련된 이미지들도 함께 찾아볼 수 있어요. 지금부터 이미지를 검색하고 저장하는 방법을 알아볼까요?

1 엣지 브라우저를 실행한 후 '네이버' 검색창에 '라이온킹'을 입력한 후 [검색] 단추를 클릭합니다.

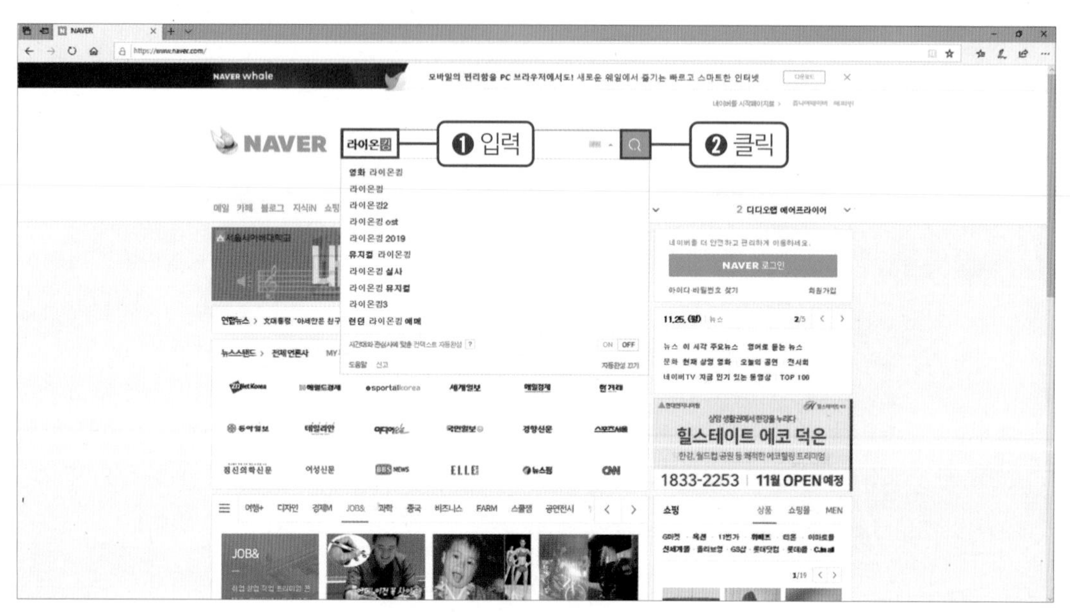

2 검색 결과가 나타나면 통합검색 오른쪽에 있는 '이미지'를 클릭합니다.

3 '라이온킹' 관련 이미지들이 나타나면 컴퓨터에 저장할 사진을 선택합니다.

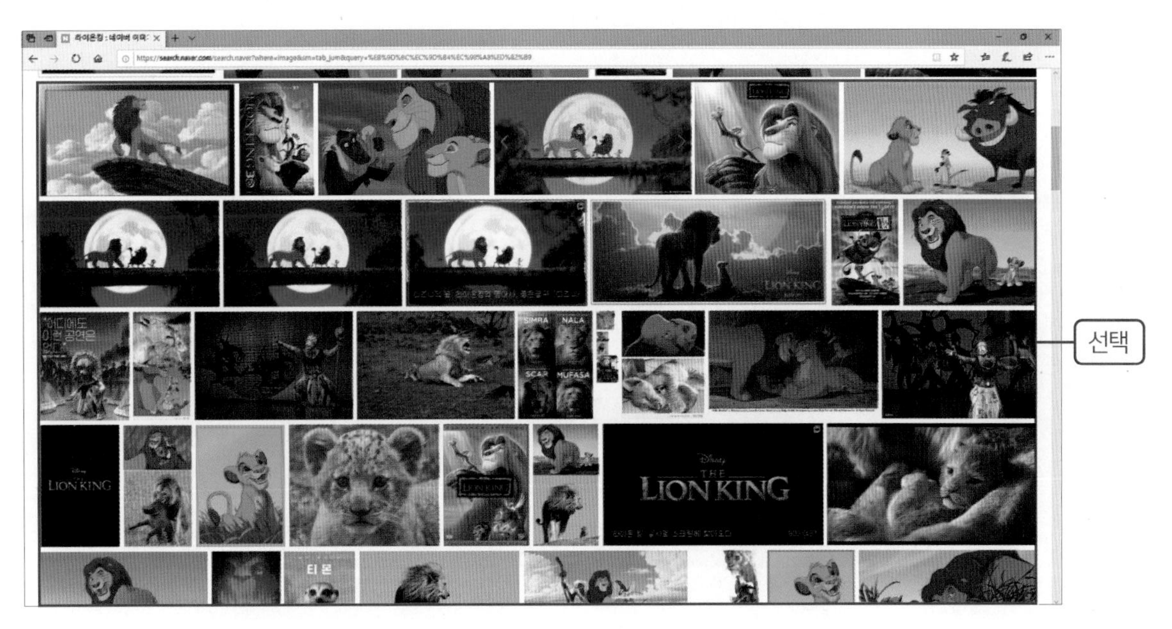

이미지를 조건에 따라 검색할 수 있다고?

기간 ▾	원본이미지크기 ▾	색상 ▾	유형 ▾	CCL ▾	출처 ▾

- 기간 : 이미지가 등록된 기간을 지정하여 이미지를 검색할 수 있습니다.
- 원본이미지크기 : 이미지의 실제 크기별로 이미지를 검색할 수 있습니다.
- 색상 : 특정 색상으로 추출한 이미지 검색 결과를 확인할 수 있습니다.
- 유형 : 인물 중심의 이미지만 검색할 수 있습니다.
- CCL : 창작 이미지에 대하여 일정한 조건하에 자유롭게 이용할 수 있는 이미지를 검색할 수 있습니다.
- 출처 : 블로그, 카페, 포토뉴스, 지식IN 등 이미지의 출처를 기준으로 이미지를 검색할 수 있습니다.

4. 컴퓨터에 저장하고 싶은 이미지를 클릭하여 이미지가 선택되면 이미지를 마우스 오른쪽 단추로 클릭한 후 '다른 이름으로 사진 저장'을 클릭합니다.

5. [다른 이름으로 저장] 대화 상자가 나타나면 이미지를 저장할 위치(내 PC/문서)를 선택하고 파일 이름(라이온킹)을 입력한 후 [저장]을 클릭합니다.

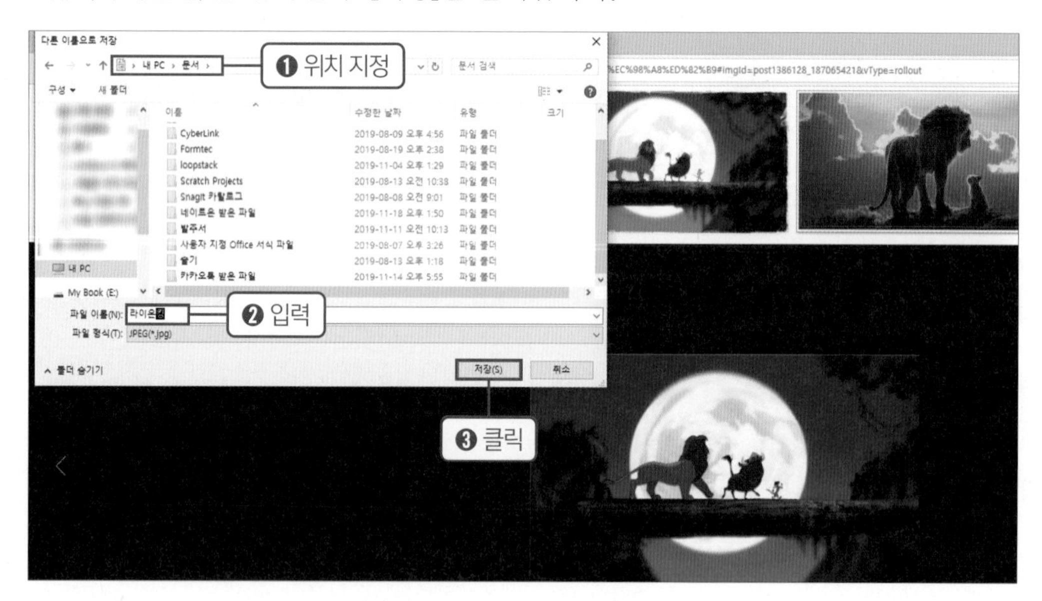

6. 바탕 화면의 검색 상자에 '라이온킹'을 입력한 후 나타나는 목록 검색 결과를 클릭하여 파일이 제대로 저장되었는지 확인합니다.

02 노래 가사를 저장해 보아요.

저장하고 싶은 노래 가사가 있다구요? 엣지 브라우저에서 가사를 검색하고 복사하여 저장할 수 있어요! 함께 원하는 노래 가사를 검색하고 저장해봐요!

1. '네이버' 검색창에 '아기상어 가사'를 입력한 후 [검색] 단추를 클릭합니다.

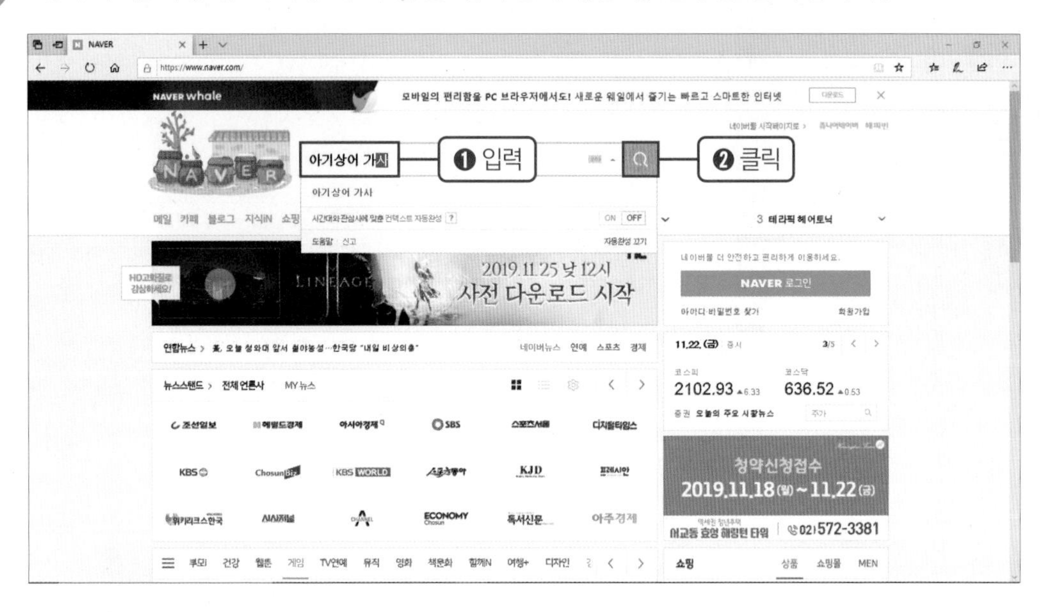

2. '뮤직' 카테고리의 첫 번째 검색 결과에 '아기 상어'가 검색된 것을 확인합니다. 이어서 제목 오른쪽의 '가사'를 클릭합니다.

3 '아기 상어'의 가사 창이 나타나면 가사를 마우스로 드래그한 후 마우스 오른쪽 단추를 클릭하고 [복사]를 클릭합니다.

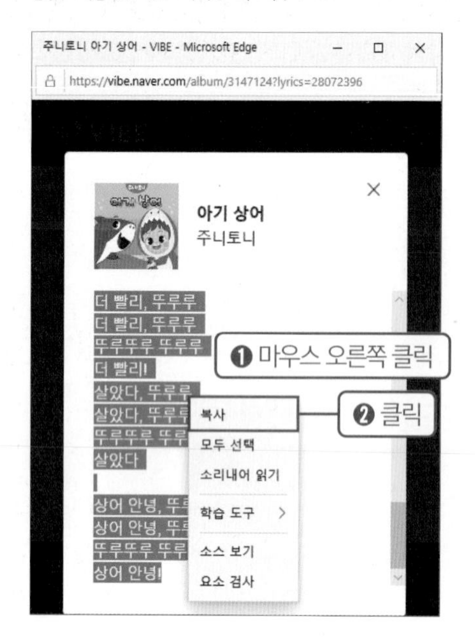

4 바탕 화면으로 돌아와 [시작] 단추(■)를 클릭한 후 앱 목록에서 [Windows 보조프로그램]–[메모장]을 클릭합니다.

5 [메모장] 앱이 실행되면 [편집]–[붙여넣기]를 클릭합니다.

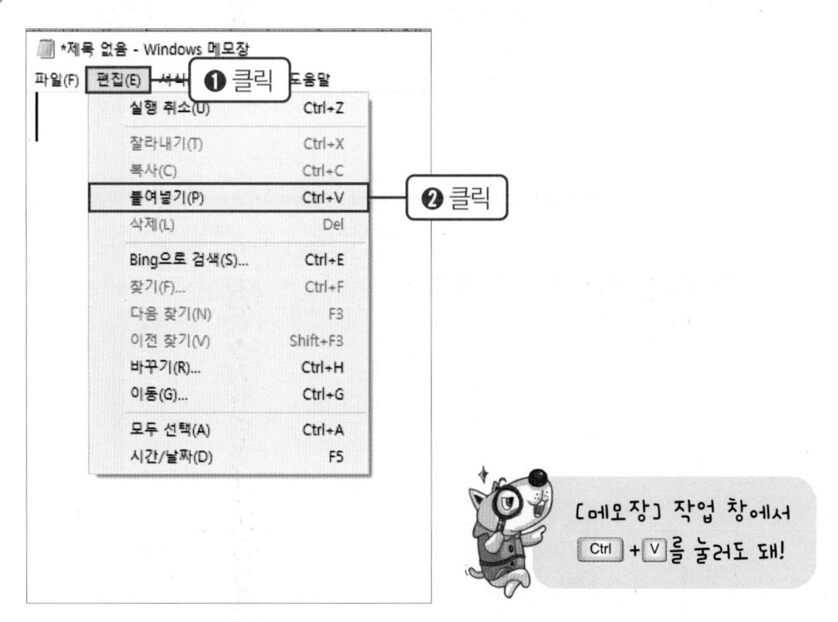

6 '아기 상어' 노래 가사를 확인한 후 [파일]–[다른 이름으로 저장]을 클릭합니다. 이어서 저장 위치(내 PC/음악)와 파일 이름(아기상어)을 지정하고 [저장]을 클릭합니다.

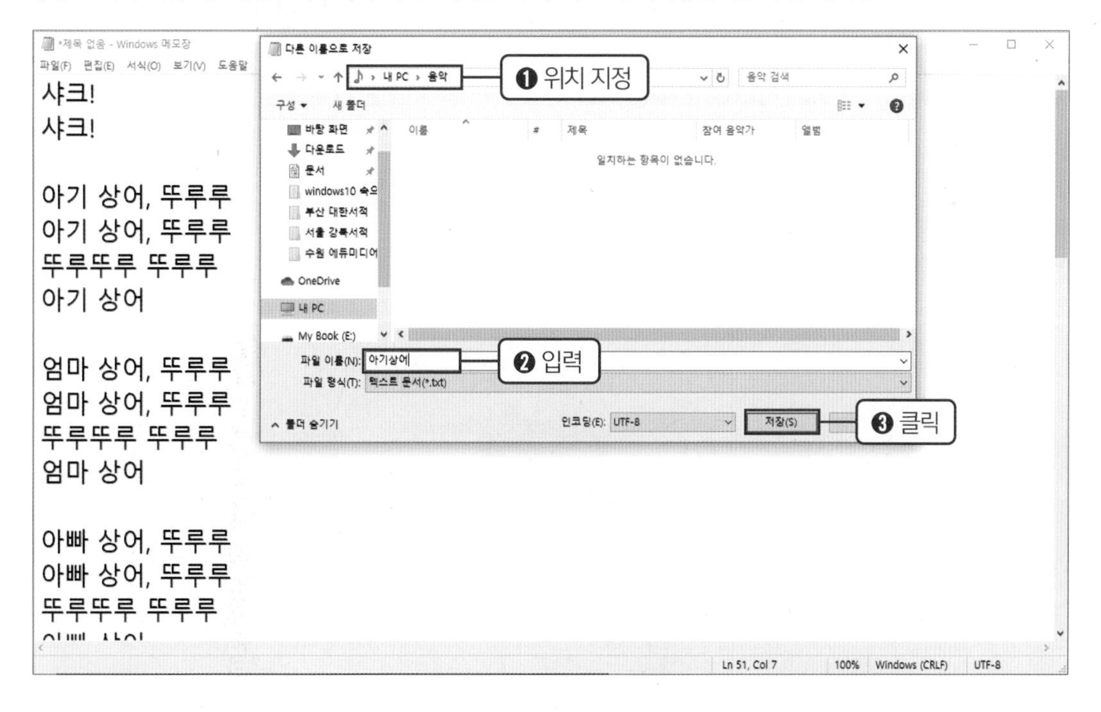

7 바탕 화면의 검색 상자에 '아기상어'를 입력한 후 나타나는 검색 결과를 클릭하여 파일이 제대로 저장되었는지 확인합니다.

쑥쑥! 실력 키우기

1 | '강아지'와 관련된 이미지를 검색하고 이미지 검색 설정에서 출처를 '지식백과'로 설정해 보세요.

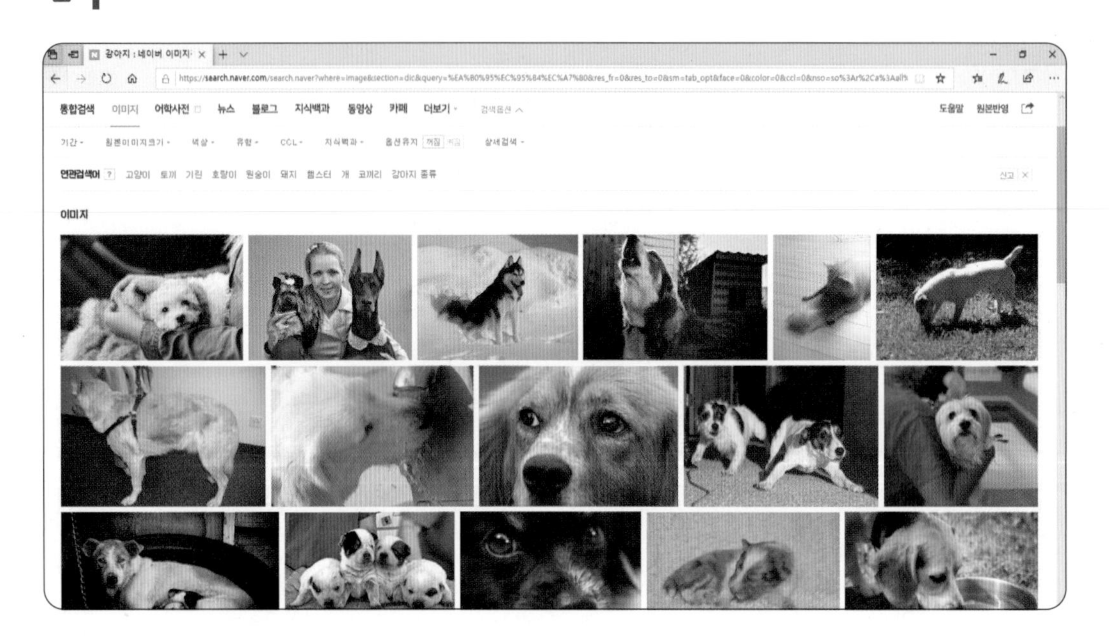

2 | 원하는 이미지를 저장한 후 바탕 화면으로 설정해 보세요.

Hint 바탕 화면 설정 방법은 '11장'을 참고하세요.

21장
이 별에선 나도 화가!
오늘의 미션
• 그림판 앱 실행하고 색칠 놀이하기
• 색칠한 그림에 말풍선 삽입하기
얘들아 안녕? 나는 마크 소행성에서 온 스티브라고 해. 윈도우10 별나라에 대해 궁금한 게 많은데, 나에게 윈도우10 별나라를 소개해 줄 수 있겠니?
까비야, 윈도우10 별나라에 스티브라는 친구가 놀러 왔는데, 스티브는 투명 인간이라 색도 칠해주고 말도 할 수 있게 해줘야 해! 우리 그림판 앱에서 스티브를 도와줄까?
그림판 앱에서 색도 칠해주고 말도 할 수 있게 할 수 있는 거야? 그럼 어서 그림판 앱으로 떠나자!
미션 Hint
• 그림판 앱 실행하고 색칠 놀이하기 : 밑그림 파일을 불러와 색 선택 도구를 이용하여 색을 칠할 수 있습니다.
• 색칠한 그림에 말풍선 삽입하기 : 도형을 이용하여 색칠한 그림에 말풍선을 삽입할 수 있습니다.

01 색칠 놀이를 해보아요.

[그림판] 앱에서는 내가 원하는 대로 그림을 그릴 수도 있고 색을 칠할 수도 있어요. 그럼 지금부터 [그림판] 앱을 이용해 스티브를 멋지게 만들어 볼까요?

1 [시작] 단추(⊞)를 클릭한 후 앱 목록에서 [Windows 보조프로그램]-[그림판]을 클릭합니다.

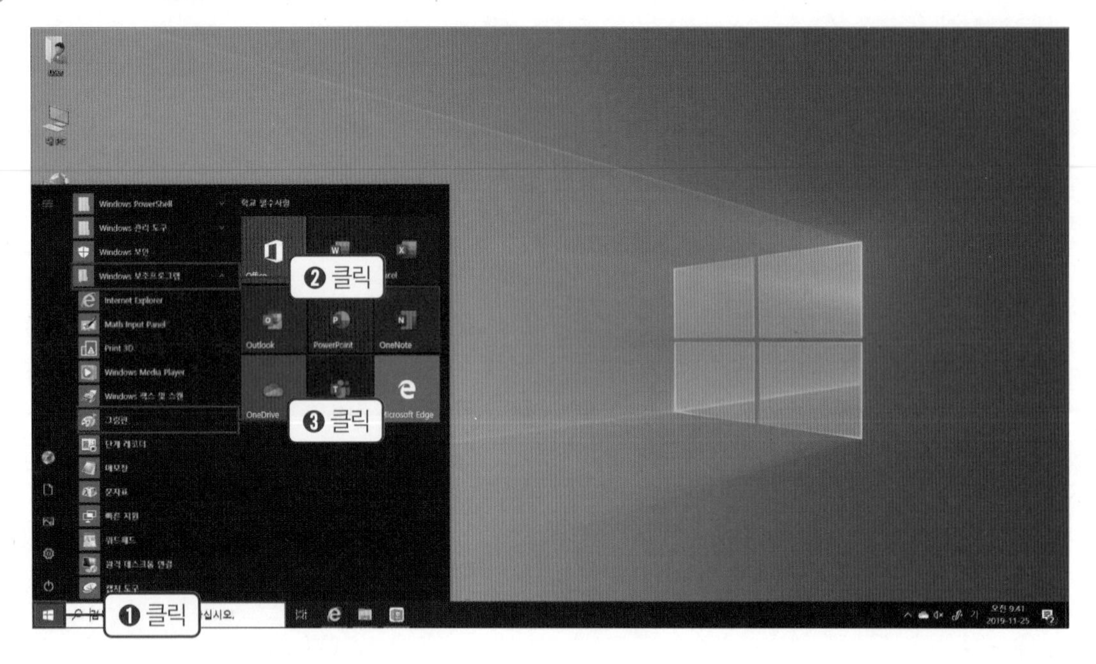

2 [그림판] 앱이 실행되면 상단의 [파일]-[열기]를 클릭한 후 [예제 파일]-[그림판 예제 파일] 폴더에서 '스티브'를 선택하고 [열기]를 클릭합니다.

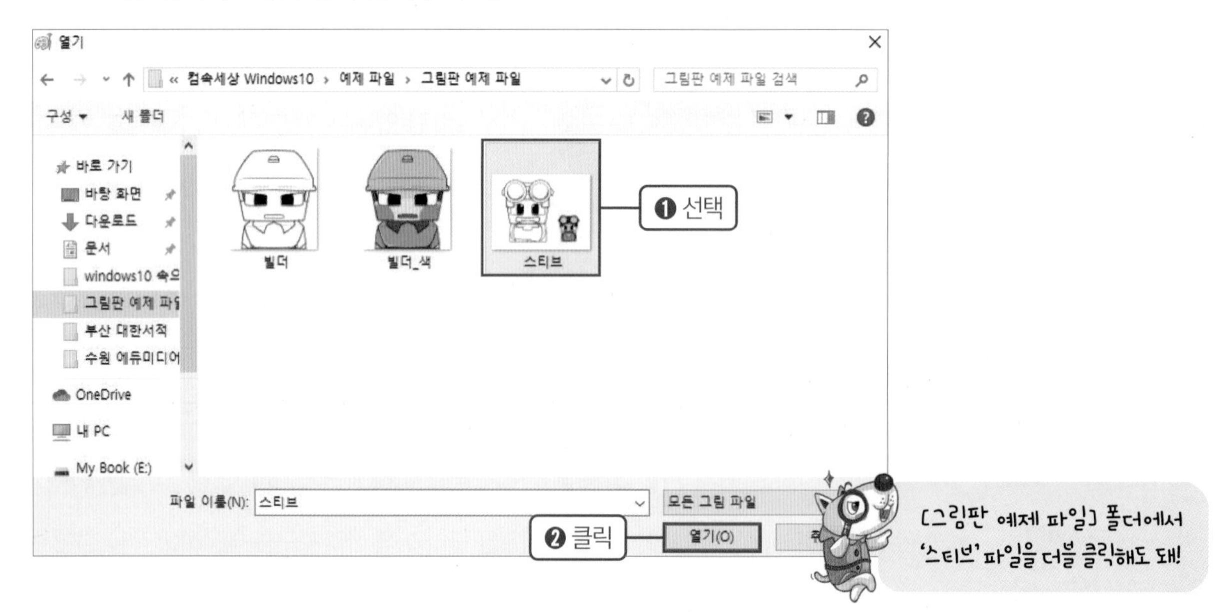

3 '스티브' 이미지 파일이 열리면 [홈] 탭의 [도구] 그룹에서 '색 선택( )' 도구를 클릭합니다.

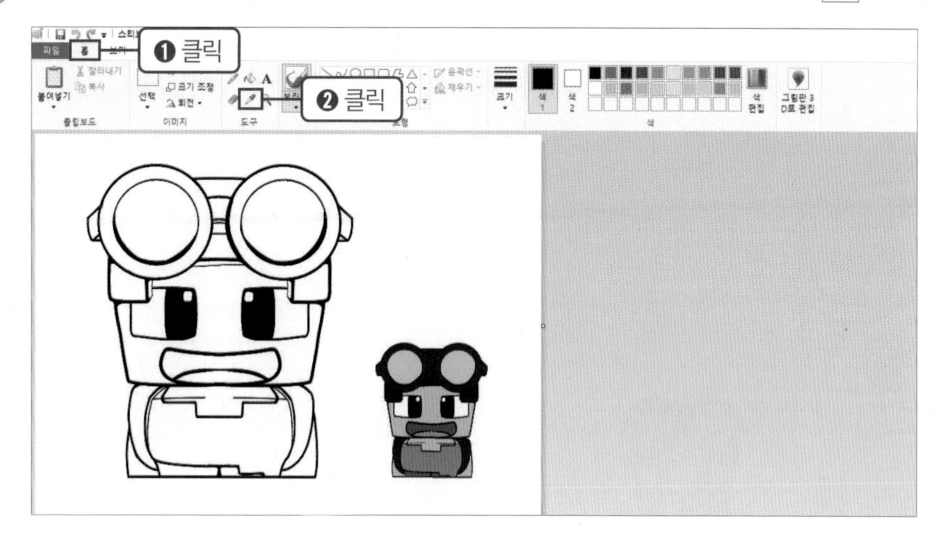

4 색칠되어 있는 '스티브' 이미지에서 안경을 클릭하고 클릭한 색이 선택되는 것을 확인합니다.

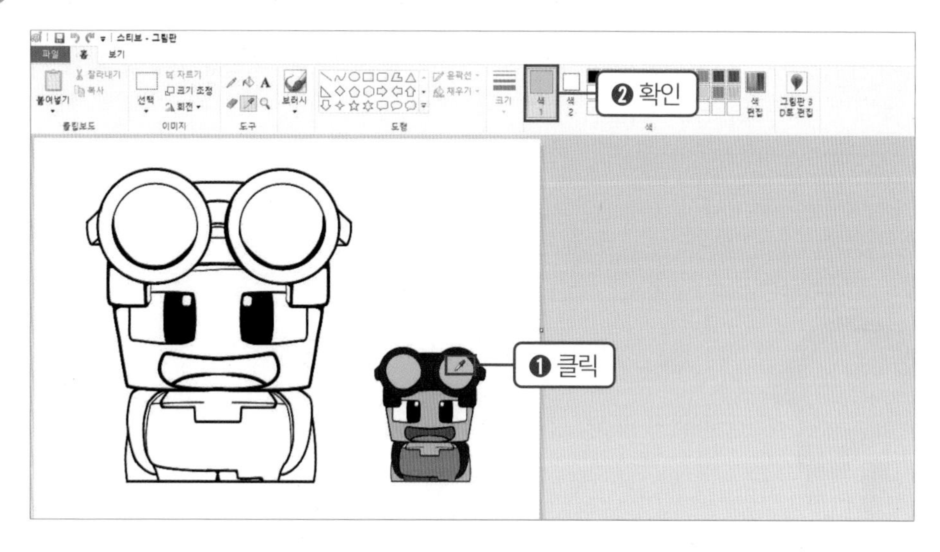

5 다시 [홈] 탭의 [도구] 그룹에서 '색 채우기( )' 도구를 클릭합니다.

6 색칠되어 있지 않은 '스티브' 이미지의 안경 부분을 클릭하여 색을 채웁니다.

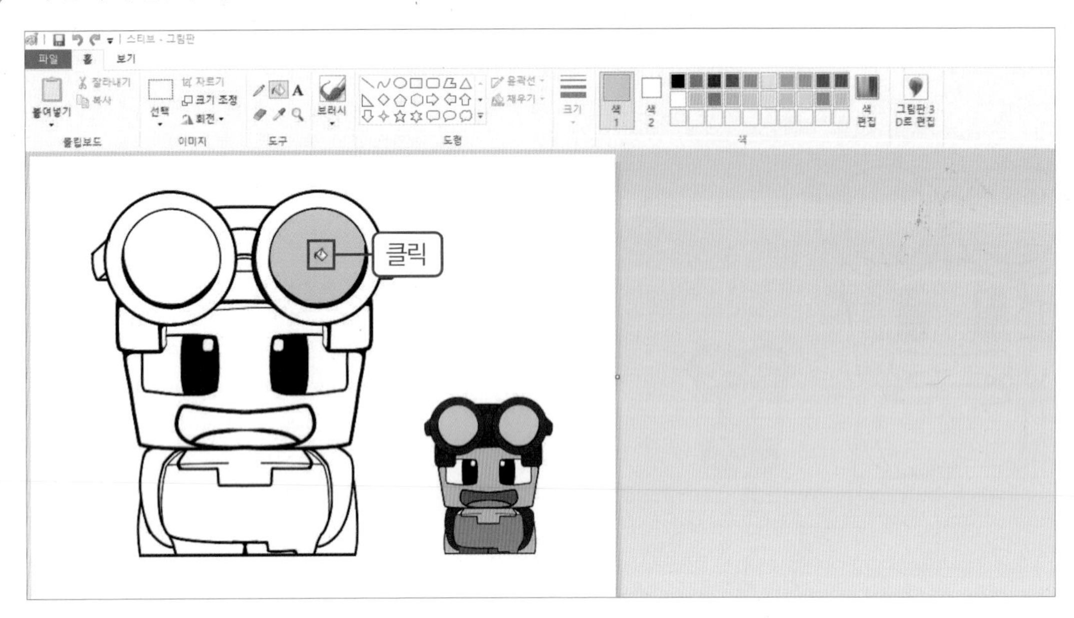

7 같은 방법으로 색칠되어 있는 '스티브' 이미지를 '색 선택( )' 도구로 클릭하고 '색 채우기( )' 도구를 이용하여 색칠되어 있지 않은 '스티브' 이미지에 색을 채웁니다.

02 말풍선을 삽입해 보아요.

스티브에게 예쁜 색을 입혀줬나요? 이제 도형 도구를 이용해 말풍선을 삽입하고 스티브가 말을 할 수 있도록 해봐요!

1. 색칠이 완성된 '스티브' 이미지를 잘라내기 위해 [홈] 탭의 [이미지] 그룹에서 '선택'을 클릭하고 '사각형으로 선택'을 클릭합니다.

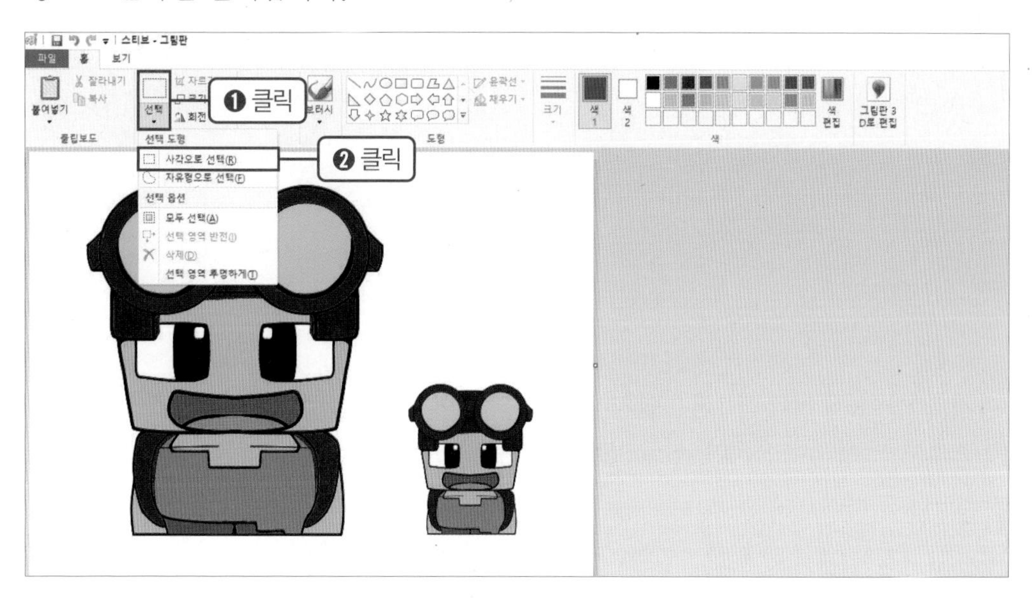

2. '스티브'를 마우스로 드래그하여 영역을 설정하고 마우스 오른쪽 단추를 클릭한 후 '잘라내기'를 클릭합니다.

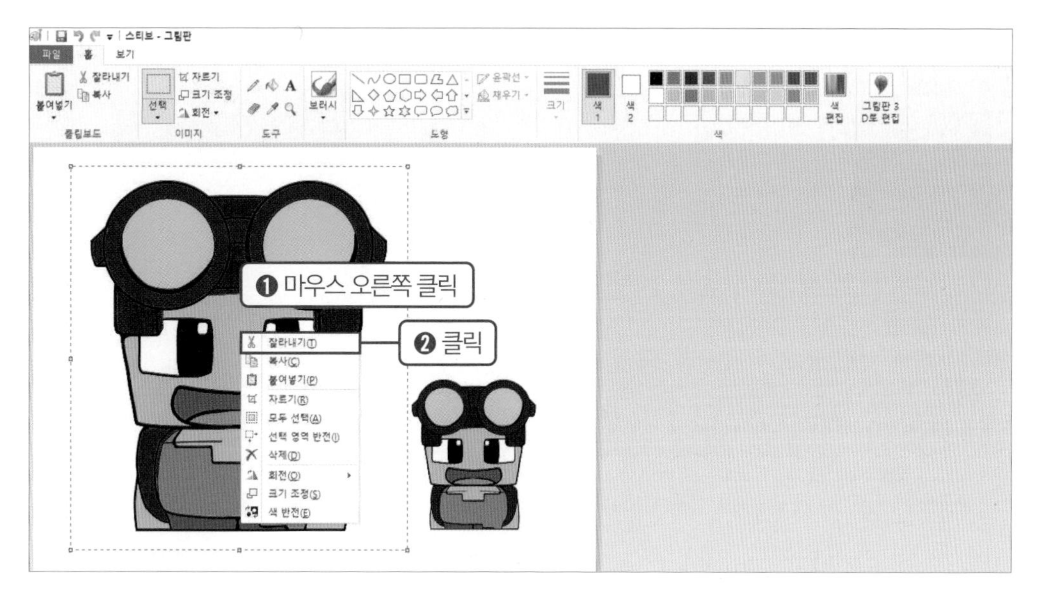

③ [파일]-[새로 만들기]를 클릭한 후 변경 내용을 저장하시겠습니까라는 메시지가 나타나면 [저장 안 함]을 클릭하고 새 화면에서 마우스 오른쪽 단추를 클릭한 후 [붙여넣기]를 클릭합니다.

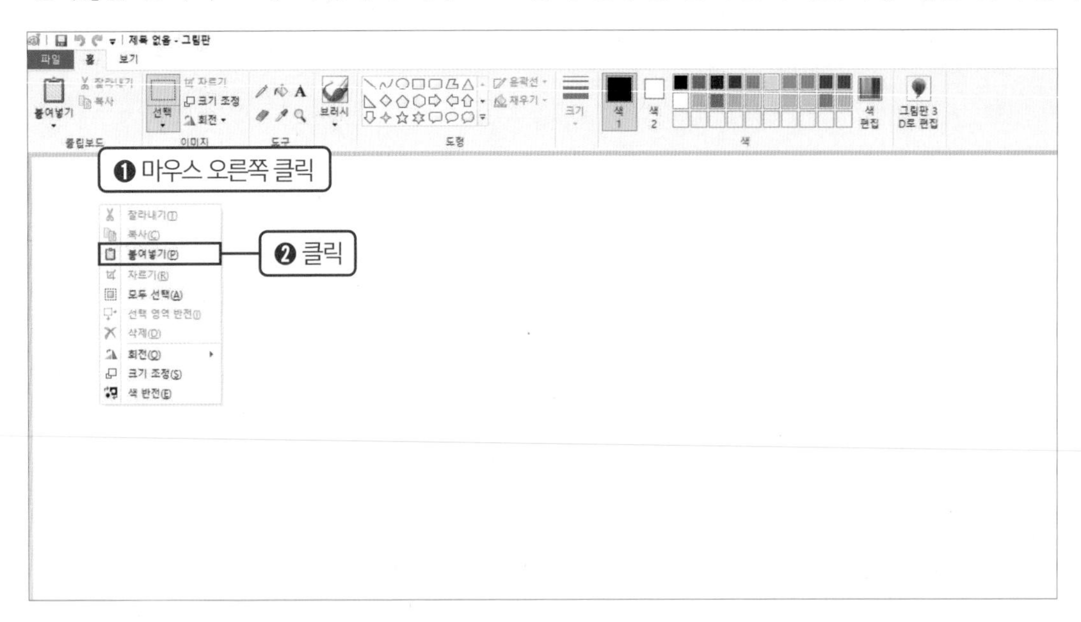

④ '스티브' 이미지가 붙여 넣어지면 [홈] 탭의 [도형] 그룹에서 '타원 모양 설명 상자'를 클릭한 후 빈 공간을 마우스로 드래그하여 말풍선을 만듭니다.

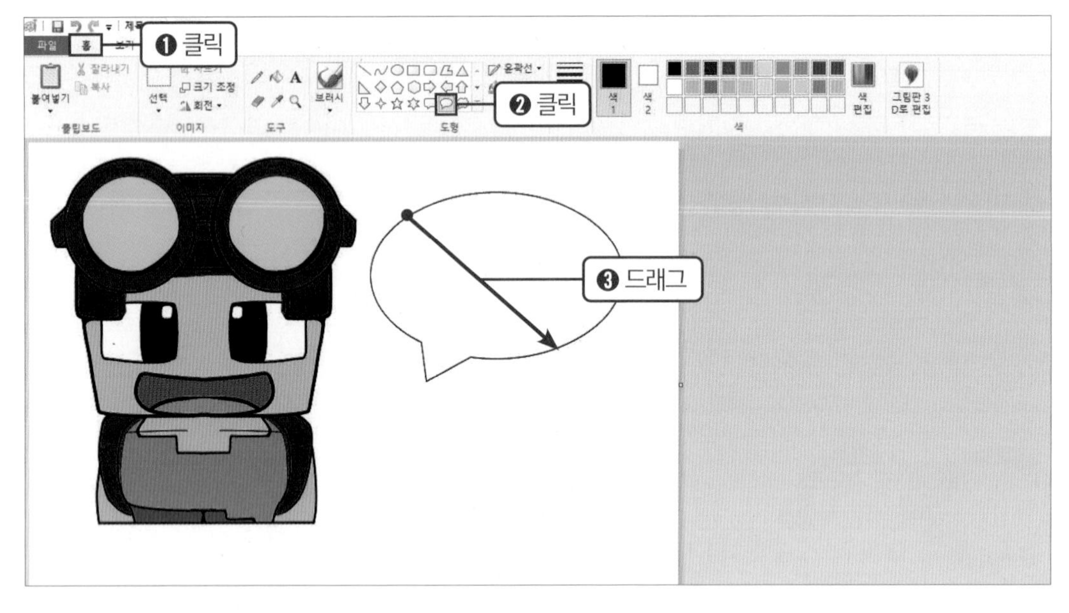

[도형] 그룹 옆에 '자세히(▾)' 단추를 클릭하면 모든 도형을 한꺼번에 볼 수 있어!

5 [홈] 탭의 [도구] 그룹에서 '텍스트(A)' 도구를 클릭합니다. 이어서 글자를 입력할 위치를 클릭하고 입력 상자가 나타나면 글꼴 및 글자 크기, 입력 상자 크기를 지정한 후 내용을 입력합니다.

6 내용 입력이 완료되면 Enter 를 누른 후 [파일]-[다른 이름으로 저장]을 클릭합니다. 이어서 이름을 '스티브 대화 완성'으로 입력한 후 [저장]을 클릭합니다.

텍스트 도구

- 글꼴 : 서체, 글자 크기, 글자 효과를 변경할 수 있습니다.
- 배경 : 글자가 입력되는 배경을 투명하게 또는 불투명하게 설정할 수 있습니다.
- 색 : 색1의 색을 변경하면 글자색을 변경할 수 있고, 색2의 색을 변경하면 배경색을 변경할 수 있습니다.

쑥쑥! 실력 키우기

1 [그림판] 앱을 실행하고 [예제 파일]-[그림판 예제 파일] 폴더에서 '빌더' 파일을 불러와 '빌더_색' 이미지를 참고하여 마음껏 색을 칠해 보세요.

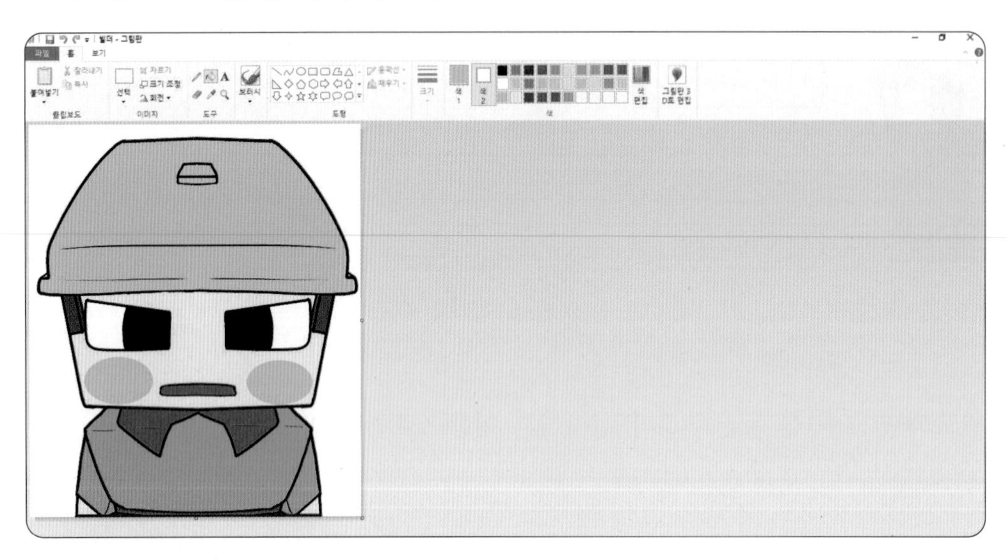

Hint 빌더의 뺨은 [홈] 탭의 [도형] 그룹을 이용해 꾸며 보세요.

2 빌더의 가슴에 이름표를 만들고 이름을 입력해 보세요.

Hint [홈] 탭의 [도형] 그룹과 [도구] 그룹을 이용해 보세요.

22장
천둥번개 별나라!
오늘의 미션
• 날씨 앱 이용하여 날씨 확인하기
• 캡처 도구 이용하여 날씨 정보 캡처하기
서교동, 서울
11° C F
부분적으로 맑음
당연히 방법이 있지! 천둥번개 별나라에서는 날씨 정보를 알려주기 때문에 여행할 별나라의 날씨를 바로 바로 알 수 있다구!
이 별은 덥고 저 별은 춥고 또 저~기 별에서는 비가 와! 여행하게 될 별나라 날씨를 미리 알면 좋을 텐데.. 무슨 방법이 없을까?
미션 Hint
•날씨 앱 이용하여 날씨 확인하기 : 날씨 앱을 실행하고 우리 동네의 날씨를 확인할 수 있습니다.
•캡처 도구 이용하여 날씨 정보 캡처하기 : [캡처 도구] 앱을 이용하여 검색한 날씨를 캡처하고 저장할 수 있습니다.

01 우리 동네 날씨를 확인해 보아요.

친구를 만나러 가거나 여행하기 전에 날씨 확인은 필수겠죠? 윈도우10 별나라에서는 날씨 정보도 간단하게 확인할 수 있어요. 날씨 앱을 실행하고 우리 동네 날씨를 확인해 볼까요?

1 [시작] 단추(⊞)를 클릭하고 시작 화면에서 [날씨] 앱을 클릭합니다. 시작 화면에 [날씨] 앱이 없다면 앱 목록에서 앱을 찾아 클릭합니다.

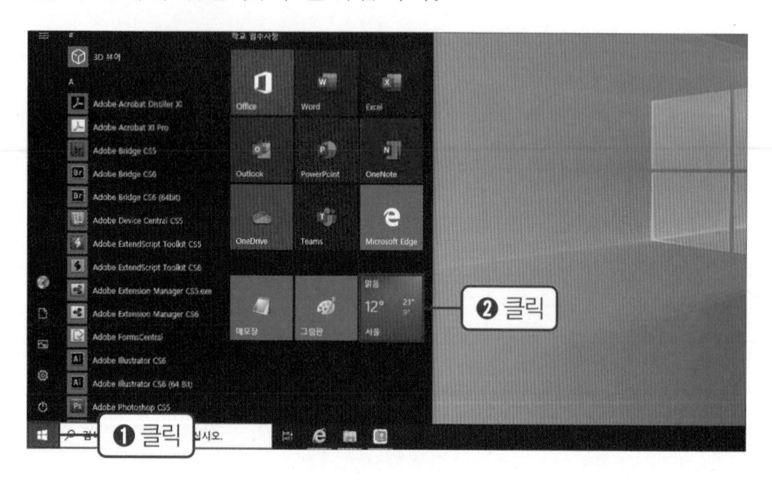

2 [날씨] 앱이 실행되면 검색창에 현재 살고 있는 지역명을 입력하고 검색 결과가 나타나면 살고 있는 지역을 클릭합니다.

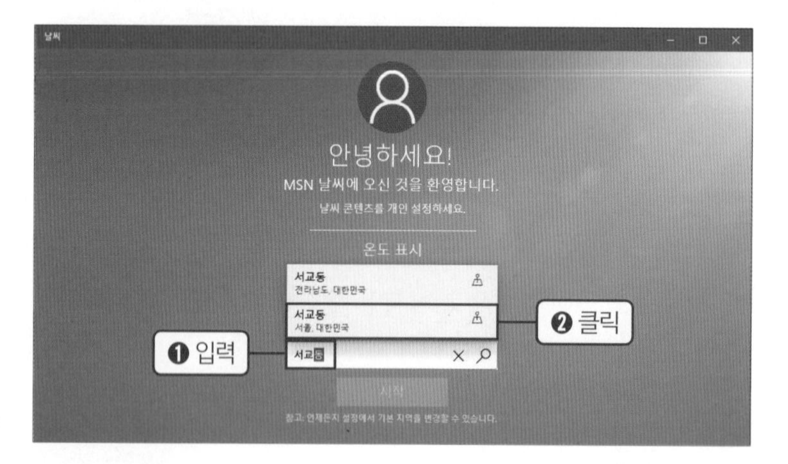

컴속 해결사

화씨와 섭씨는 어떻게 다를까?

[날씨] 앱에서 온도 표시는 '화씨'와 '섭씨' 2가지로 표시할 수 있는데, 우리는 '섭씨'를 사용하기 때문에 온도 표시를 '섭씨'로 체크해야 합니다.

- 화씨 : ℉로 표시하고 주로 미국과 유럽 국가들에서 사용하는 열 단위입니다.
- 섭씨 : ℃로 표시하고 우리나라를 비롯한 가장 많은 국가에서 사용하는 열 단위입니다.

3 살고 있는 지역이 선택되면 [시작]을 클릭합니다.

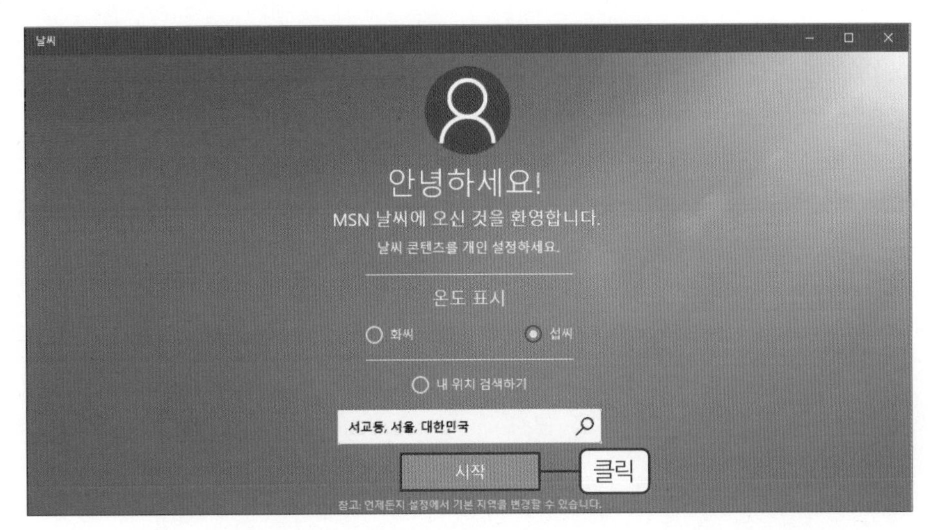

4 살고 있는 지역의 날씨 정보가 나타나면 스크롤바를 움직여 날씨 정보를 확인합니다.

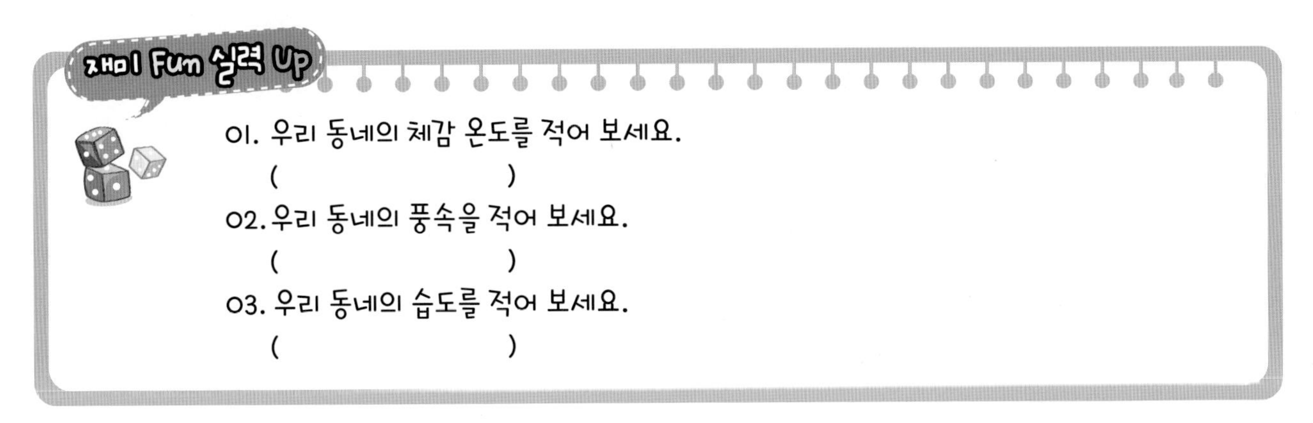

01. 우리 동네의 체감 온도를 적어 보세요.

(　　　　　　　　　　)

02. 우리 동네의 풍속을 적어 보세요.

(　　　　　　　　　　)

03. 우리 동네의 습도를 적어 보세요.

(　　　　　　　　　　)

02 우리 동네 날씨 정보를 캡처해 보아요.

우리 동네 날씨가 어떤가요? 나들이 가기 좋은가요? 그렇다면 [캡처 도구] 앱을 이용하여 날씨 정보를 캡처해 볼까요?

1. [시작] 단추(⊞)를 클릭한 후 앱 목록에서 [Windows 보조프로그램]-[캡처 도구]를 클릭합니다.

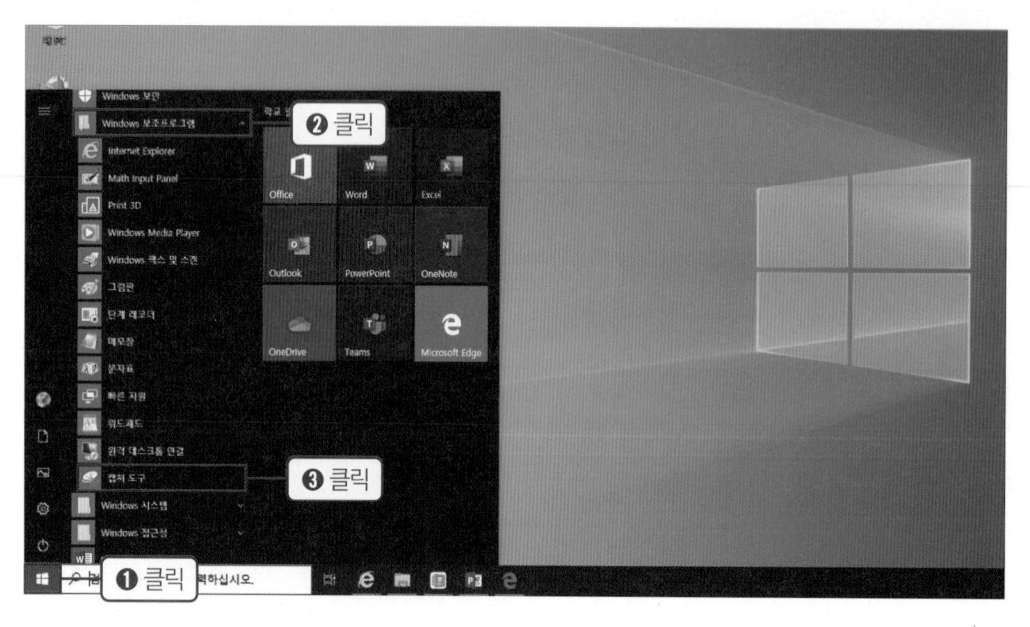

2. [날씨] 앱을 활성화한 후 [캡처 도구] 앱에서 [모드]-[창 캡처]를 클릭합니다. 이어서 바탕 화면이 흐려지고 [날씨] 앱 창의 테두리가 빨갛게 표시되면 화면을 클릭합니다.

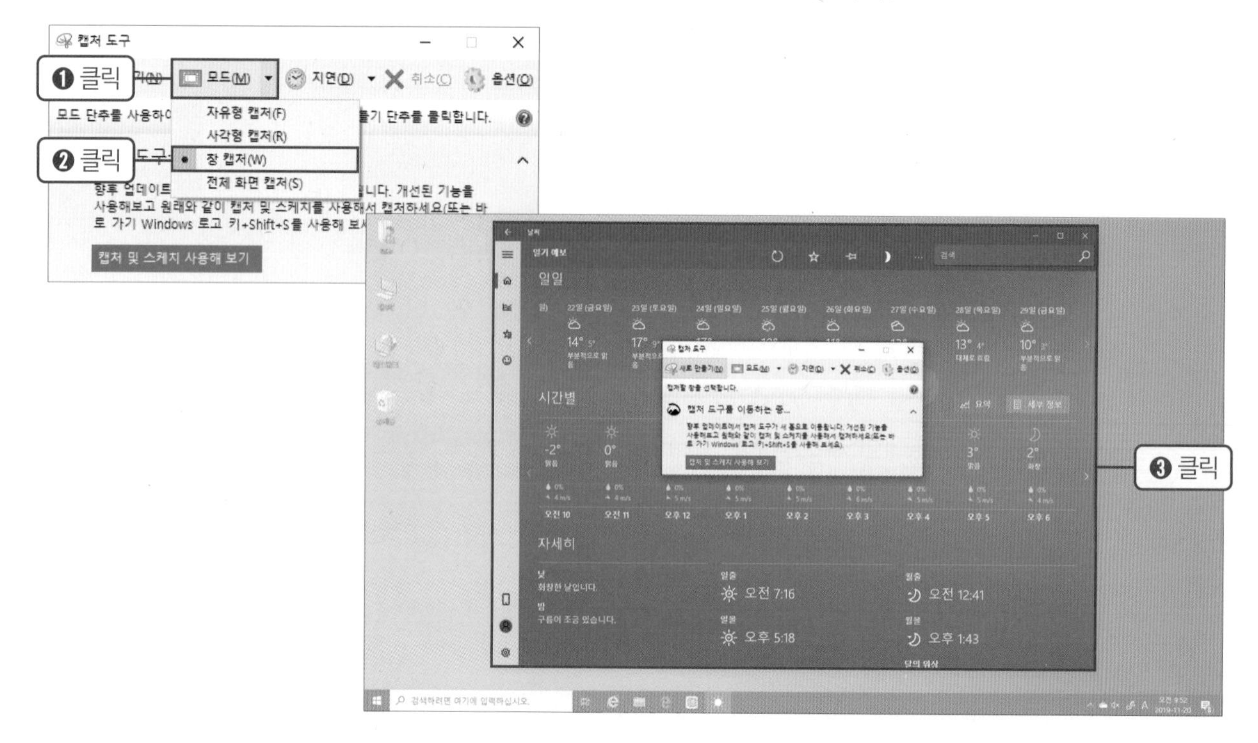

3 [캡처 도구] 대화 상자가 나타나면 캡처된 화면을 마우스 오른쪽 단추로 클릭한 후 나타나는 바로 가기 메뉴에서 [다른 이름으로 저장]을 클릭합니다.

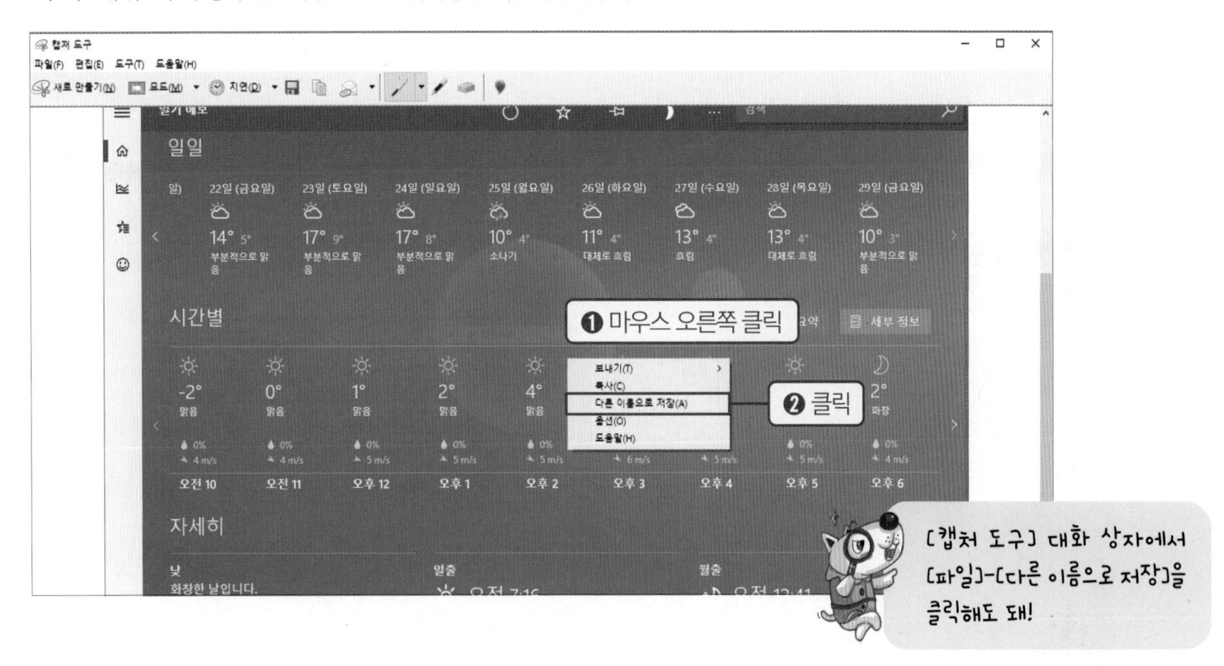

4 [다른 이름으로 저장] 대화 상자가 나타나면 저장 위치(내 PC/문서)를 지정하고 파일 이름(일기예보)을 입력한 후 [저장]을 클릭합니다.

5 바탕 화면의 검색 상자에 '일기예보'를 입력한 후 나타나는 검색 결과를 클릭하여 파일이 제대로 저장되었는지 확인합니다.

1 [날씨] 앱을 이용하여 영국 런던의 날씨 정보를 확인해 보세요.

2 런던의 날씨 정보를 캡처하고 캡처한 이미지를 저장해 보세요.

23장 별만 믿고 따라 오라구!

오늘의 미션

- 지도 앱으로 각 나라 3D로 구경하기
- 지도 앱으로 거리 구경하기
- 지도 앱 활용하여 길 찾기

미션 Hint

- **지도 앱으로 각 나라 3D로 구경하기** : [지도] 앱을 실행하고 각 나라를 3D로 확인할 수 있습니다.
- **지도 앱으로 거리 구경하기** : [지도] 앱의 'Streetside' 기능을 이용하여 거리를 자유롭게 구경할 수 있습니다.
- **지도 앱 활용하여 길 찾기** : [지도] 앱의 길 찾기 기능을 활용하여 원하는 장소로 길을 찾아갈 수 있습니다.

이탈리아 로마로 여행을 떠나 보아요.

윈도우10 별나라에서는 [지도] 앱을 이용하여 세계 여러 나라의 거리를 실감나게 체험할 수 있어요. 우리 함께 이탈리아 로마의 콜로세움으로 떠나볼까요?

1 [시작] 단추( )를 클릭하고 앱 목록에서 [지도] 앱을 클릭합니다.

2 [지도] 앱이 실행되면 검색창에 '로마'를 입력하고 검색 결과 중 '로마(라치오)'를 클릭합니다.

3 로마가 검색되면 로마의 위치와 정보를 확인합니다.

4 로마 정보 창에서 '3D로 보기'를 클릭하고 로마 '콜로세움'으로 여행을 떠납니다.

5 로마의 '콜로세움'이 나타나면 마우스를 조작하여 '콜로세움'을 3D로 감상합니다.

컴속 해결사

마우스 조작 방법이 알고 싶다구요?

- 확대 및 축소 : 마우스 휠을 위나 아래로 스크롤합니다.
- 이동 : 마우스 왼쪽 단추로 드래그합니다.
- 회전 : 마우스 오른쪽 단추로 드래그합니다.

02 에펠 탑 주변 거리를 거닐어 보아요.

로마의 '콜로세움'을 잘 구경했나요? 그럼 이번에는 프랑스 파리로 이동해서 '에펠 탑' 주변 거리를 함께 거닐어 볼까요?

1 [지도] 앱에서 검색창에 '에펠 탑'을 입력한 후 검색 결과 중 '에펠 탑'을 클릭합니다. 이어서 '에펠 탑' 정보 창에서 'Streetside'를 클릭합니다.

오른쪽 상단의 [도로]를 클릭하고 'Streetside'를 활성화하면 지도상에 'Streetside'가 지원되는 도로가 표시 돼!

2 '에펠 탑' 주변 거리의 화면이 나타나면 마우스를 조작하여 거리를 거닐면서 '에펠 탑'을 감상합니다.

'에펠 탑' 아래에 있는 [지도에 위치 표시(아이콘)] 단추를 클릭하면 지도상 현재 위치와 바라보는 시점을 확인할 수 있어!

길을 찾아 보아요.

프랑스 파리의 에펠 탑 정말 웅장하고 예쁘죠? 그럼 지금부터 루브르 박물관을 관람하기 위해 에펠 탑에서 루브르 박물관으로 이동하는 방법을 알아볼까요?

1. 왼쪽 상단의 [길찾기]를 클릭한 후 출발지에 '에펠 탑', 도착지에 '루브르 박물관'을 입력하고 [길 찾기 시작]을 클릭합니다.

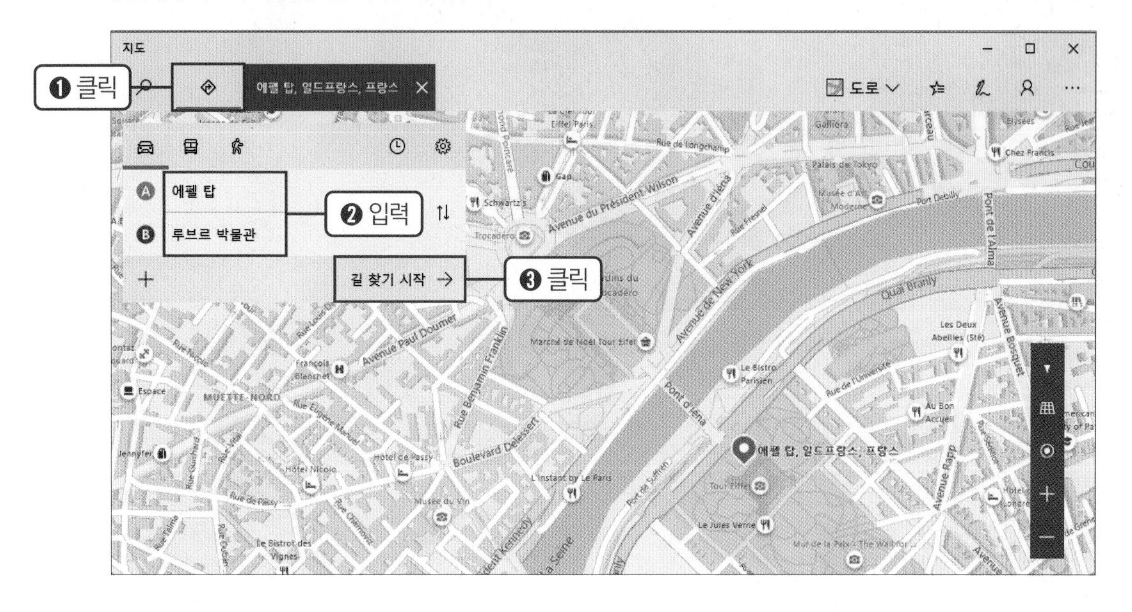

2. '에펠 탑'에서 '루브르 박물관'으로 이동할 수 있는 여러 경로와 지도상 경로를 확인한 후 원하는 경로를 선택합니다.

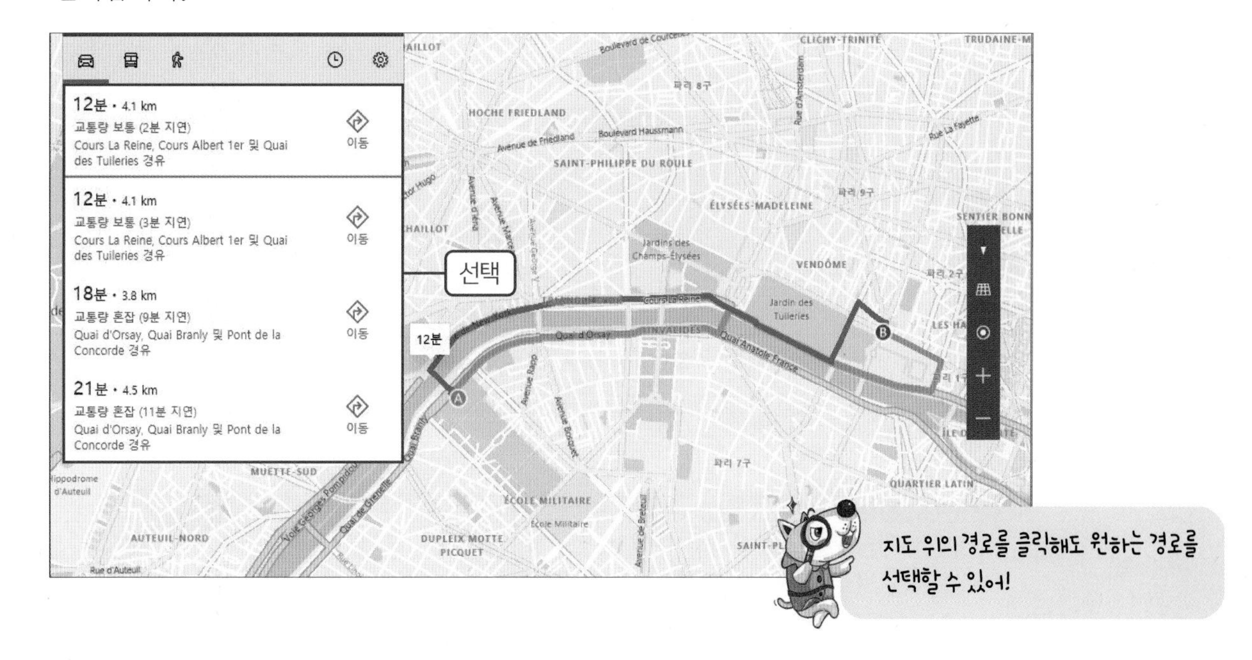

3 원하는 경로를 선택한 후 이동 방법을 확인합니다.

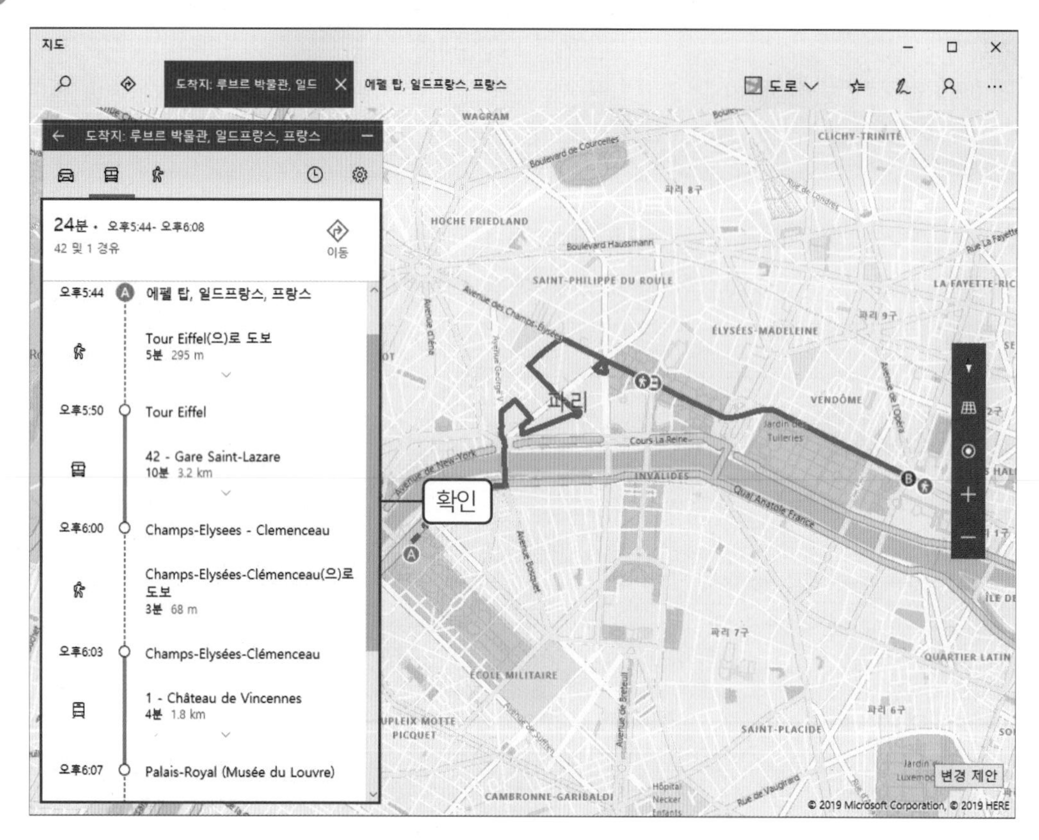

어떤 방법으로 이동할 수 있나요?

- 🚗 : 자동차로 이동하는 경로를 나타냅니다.
- 🚌 : 대중교통으로 이동하는 경로를 나타냅니다.
- 🚶 : 도보로 이동하는 경로를 나타냅니다.
- 이동 : 선택 경로에 대한 길 안내(네비게이션)가 실행됩니다.

쑥쑥! 실력 키우기

1 [지도] 앱을 이용하여 미국 뉴욕의 '나이아가라폴스'를 검색하고 3D로 감상해 보세요.

2 [지도] 앱의 '길 찾기' 기능을 이용해 뉴욕 '나이아가라폴스'에서 '브로드웨이'로 가는 경로를 확인하고, '브로드웨이'의 거리를 거닐어 보세요.

24장
여기가 별나라야 미술관이야?
오늘의 미션
• 그림판 3D 앱으로 '커비' 기본 틀 그리기
• 3D 셰이프 이용하여 '커비' 꾸미기
까비야,
뭘 그렇게 어렵게 그리고 있어?
윈도우10 별나라에서는 3D로
쉽게 그림을 그릴 수 있다구!
이렇게 그릴까, 저렇게 그릴까~
얼굴을 입체적으로 표현하고
싶은데 쉽지가 않네~
미션 Hint
• [그림판 3D] 앱으로 '커비' 기본 틀 그리기 : 3D 개체 도구를 이용하여 '커비'의 기본 틀을 그릴 수 있습니다.
• 3D 셰이프 이용하여 '커비' 꾸미기 : 3D 셰이프와 2D 셰이프 도구를 이용하여 '커비'의 눈과 입을 그릴 수 있습니다.

'커비'의 기본 틀을 그려 보아요.

윈도우10 별나라에는 다른 별나라와 달리 3D로 그림을 그릴 수 있는 [그림판 3D] 앱이 있어요. 그럼 지금부터 '커비'를 3D로 그려 볼까요?

1. [시작] 단추(⊞)를 클릭하고 앱 목록에서 [그림판 3D] 앱을 클릭하여 실행합니다. 이어서 [새로 만들기]를 클릭합니다.

2. 상단 도구의 [3D 셰이프]를 클릭한 후 오른쪽 '3D 개체' 항목 중 '구형(◯)'을 클릭합니다. 이어서 색상 팔레트에서 '다홍색'을 클릭합니다.

3. 컨버스에서 마우스를 드래그하여 '커비'의 틀을 만듭니다.

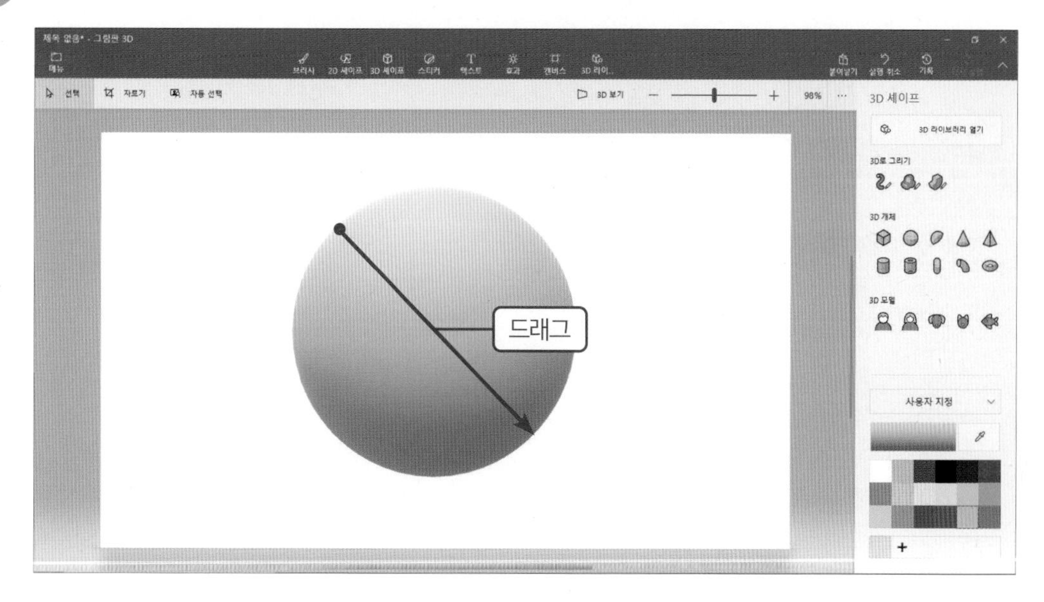

4. 이어서 '3D 개체' 항목 중 '반구(◯)'를 클릭한 후 '커비'의 팔을 그립니다.

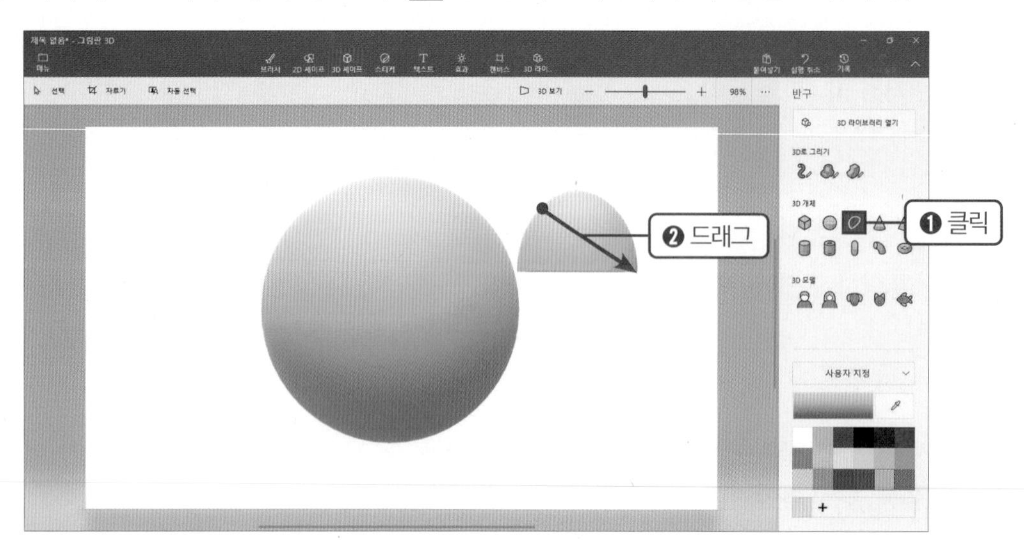

5. 'Z축 회전(◯)'을 클릭하여 방향을 바꾼 후 드래그하여 적절한 위치로 이동시킵니다.

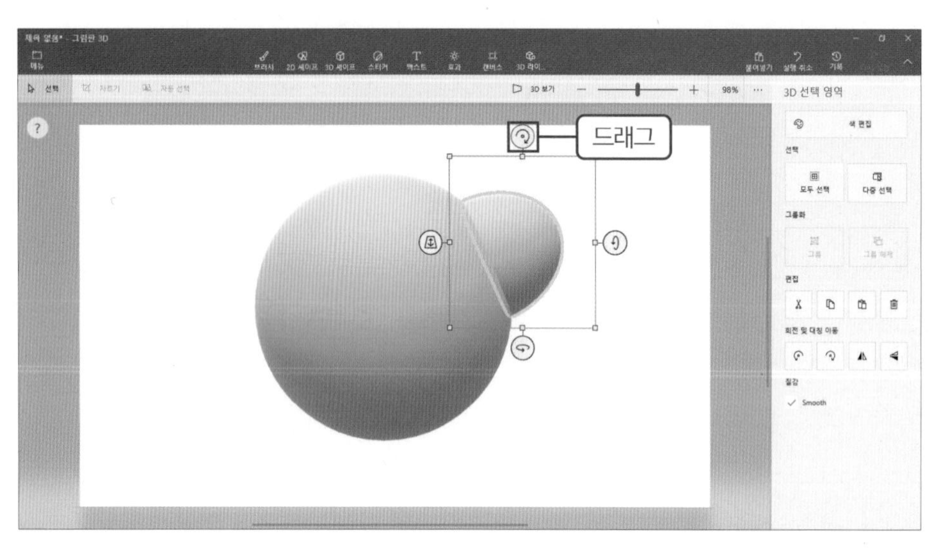

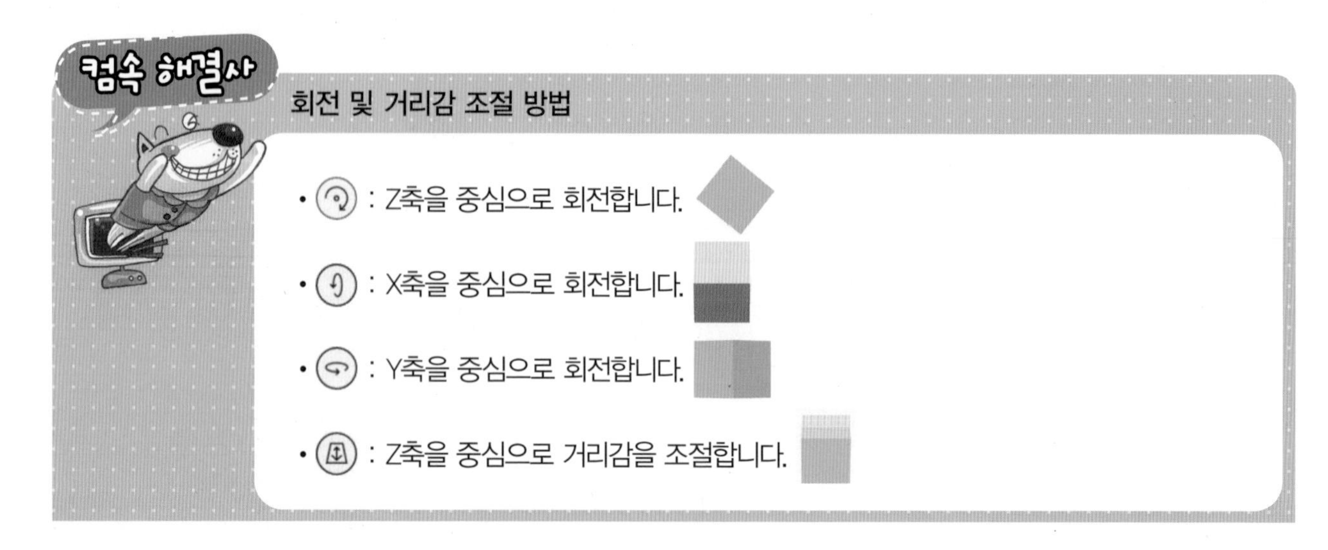

회전 및 거리감 조절 방법

- (◯) : Z축을 중심으로 회전합니다.
- (◯) : X축을 중심으로 회전합니다.
- (◯) : Y축을 중심으로 회전합니다.
- (◯) : Z축을 중심으로 거리감을 조절합니다.

'커비'의 얼굴을 꾸며 보아요.

'커비'의 몸통과 팔이 완성되었어요. 그럼 지금부터 '3D 셰이프'와 '2D 셰이프' 기능을 이용하여 '커비'의 눈과 입을 그려 볼까요?

❶ 상단 도구의 [2D 셰이프]를 클릭한 후 오른쪽 '2D 셰이프' 항목에서 '원(◯)'을 클릭합니다. 이어서 '커비'의 눈을 그린 후 색상을 '검정색'으로 선택하고 '우표(🖃)'를 클릭하여 복사된 눈을 오른쪽으로 드래그합니다.

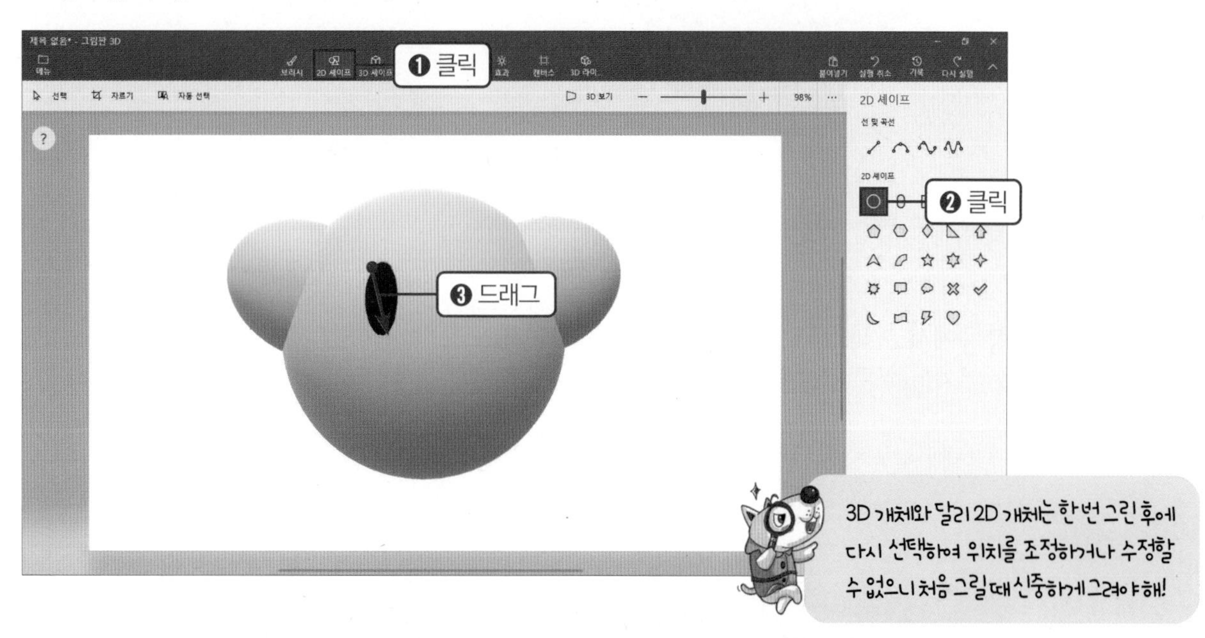

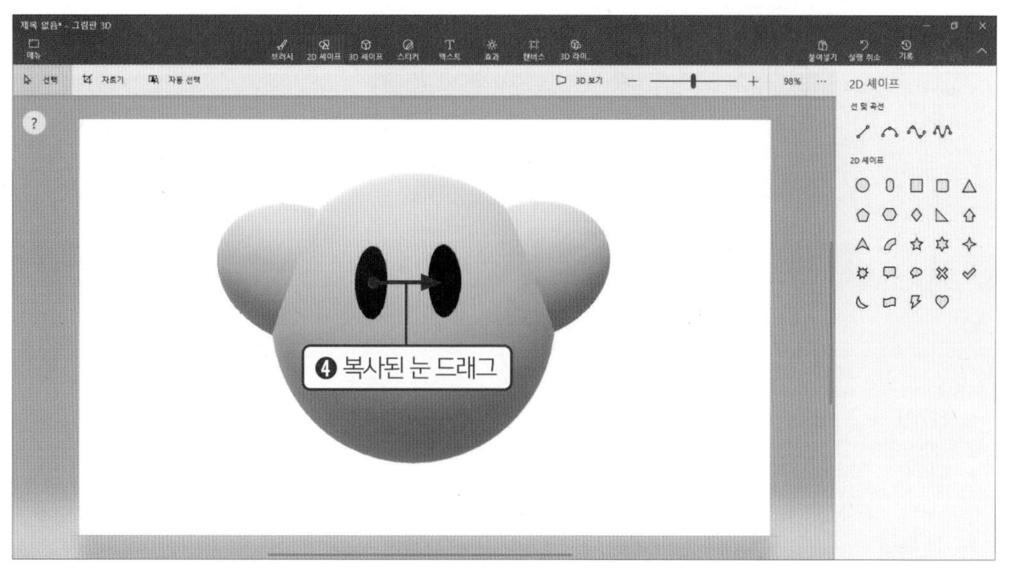

2 '커비'의 눈동자를 그리기 위해 [3D 셰이프]를 클릭하고 '3D 개체'에서 '반구( )'를 클릭합니다. 이어서 색상을 '옥색'으로 선택한 후 '커비'의 눈동자를 그리고 'Z축 회전( )'을 클릭하여 도형을 '-180도'로 회전시킵니다.

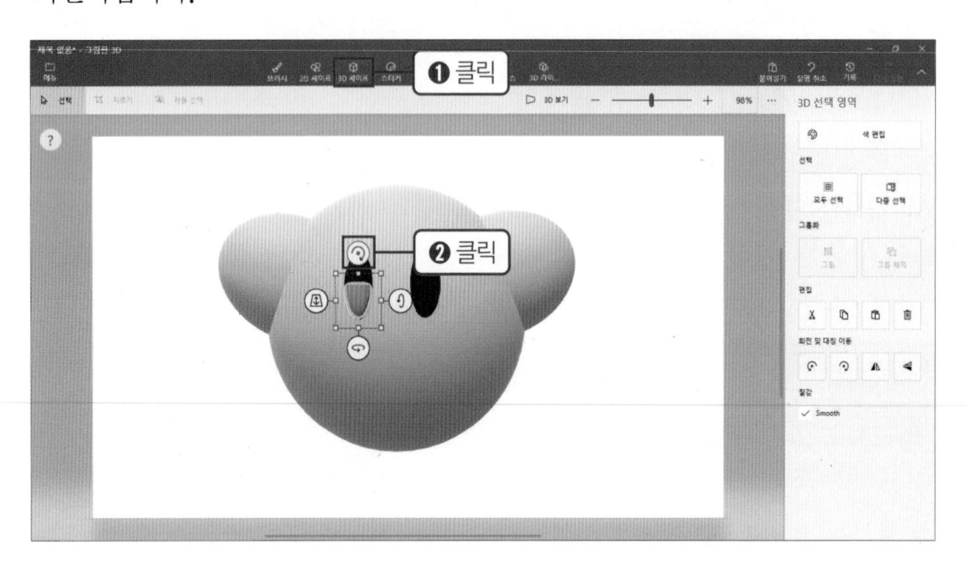

3 '3D 개체' 항목에서 '원( )'을 클릭하고 색상을 '흰색'으로 지정한 후 '커비'의 눈동자를 그립니다. 이어서 'Z축 위치( )'를 클릭한 상태로 위아래로 드래그하여 눈동자의 거리를 조절합니다.

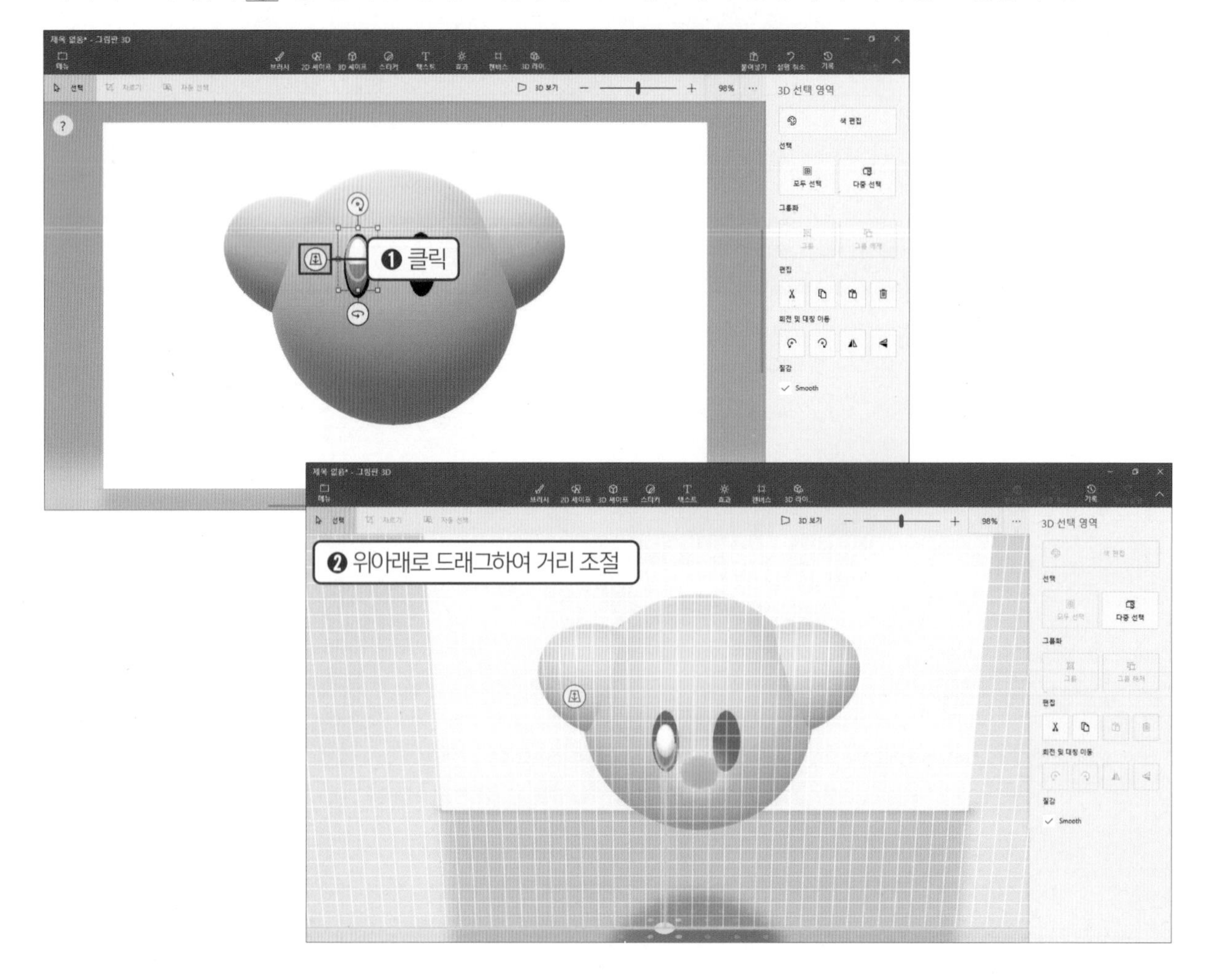

❹ [선택]을 클릭한 후 '눈동자'를 선택합니다. 이어서 '편집' 항목의 '복사'–'붙여넣기'를 차례대로 클릭하고 복사한 '눈동자'를 오른쪽 '눈'으로 드래그하여 위치를 맞춥니다.

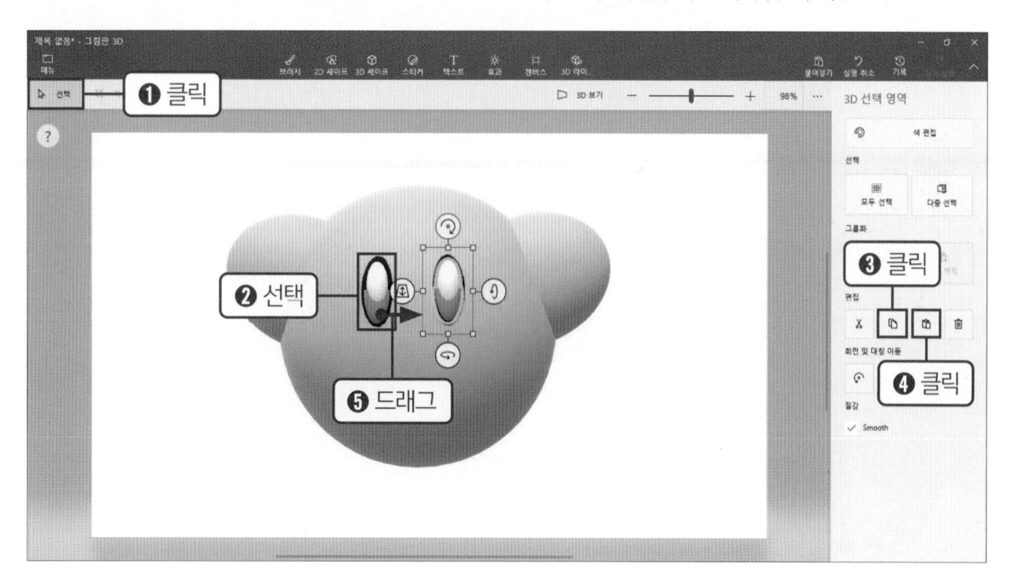

❺ '3D 개체' 항목 중 '원( )'과 '반구( )'를 사용하여 커비의 볼과 입을 그린 후 '회전'과 '위치'를 사용하여 방향과 거리감을 조절합니다.

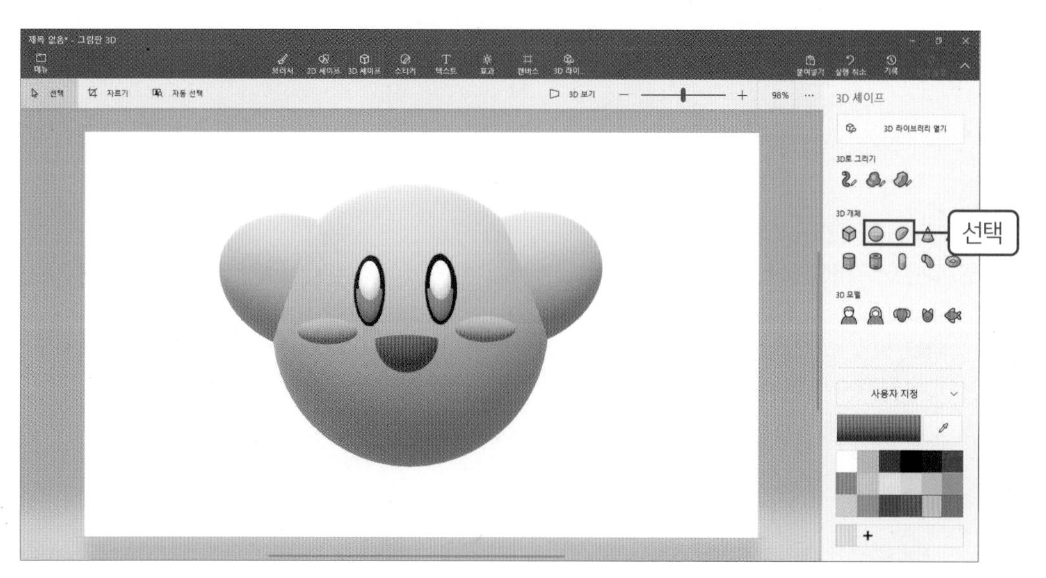

쑥쑥! 실력 키우기

1 '3D 개체' 항목 중 '원(◯)'을 사용하여 '커비'의 다리를 그려 보세요.

2 [스티커] 도구를 이용하여 '커비'의 팔에 무지개를 씌워 보세요.

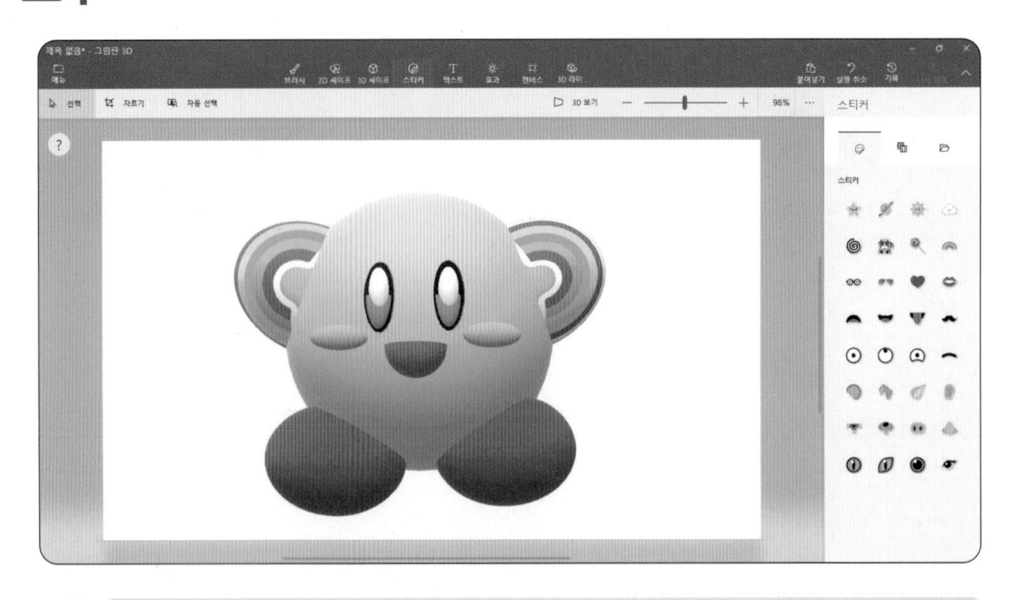

Hint 상단 도구 중 [스티커]를 사용해 보세요.

도전! 별나라 여행자 자격증

학교	초등학교	학년 / 반	학년　　반
이름		컴퓨터 수련기간	개월
타자 최고 점수	타	합격 여부	합격 / 불합격

'과제' 파일을 '숙제 완료' 파일로 이름을 변경해 보세요.

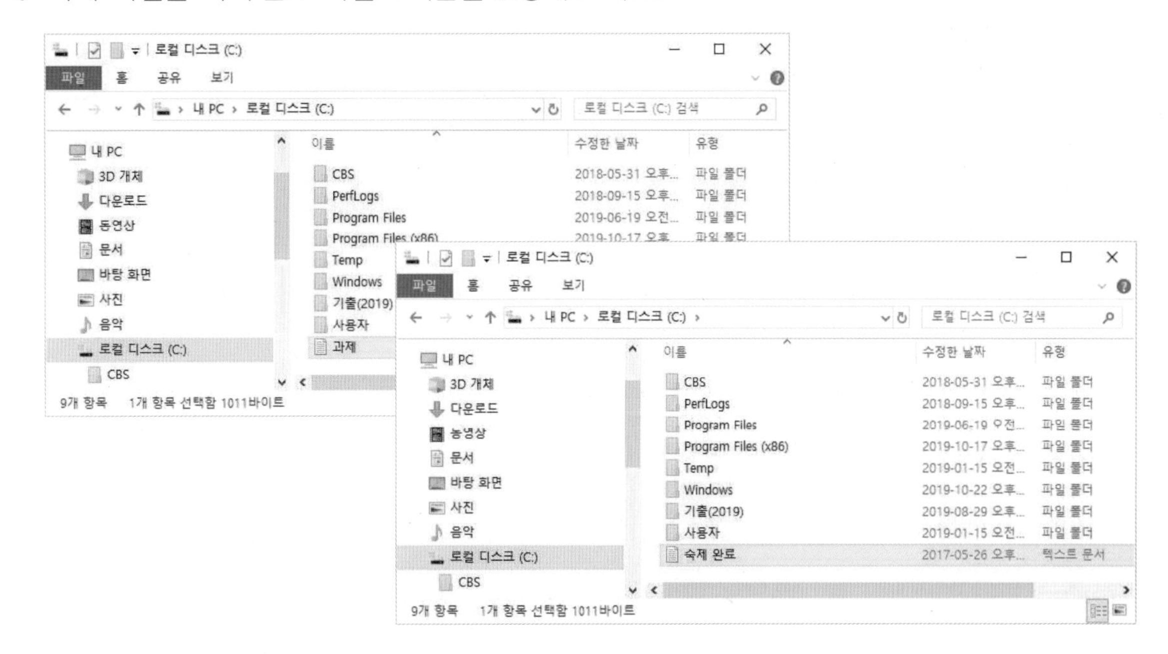

컴퓨터의 화면 보호기를 다음 조건에 맞게 설정해 보세요. (조건 : 화면 보호기 - 비눗방울, 대기 시간 - 2분)

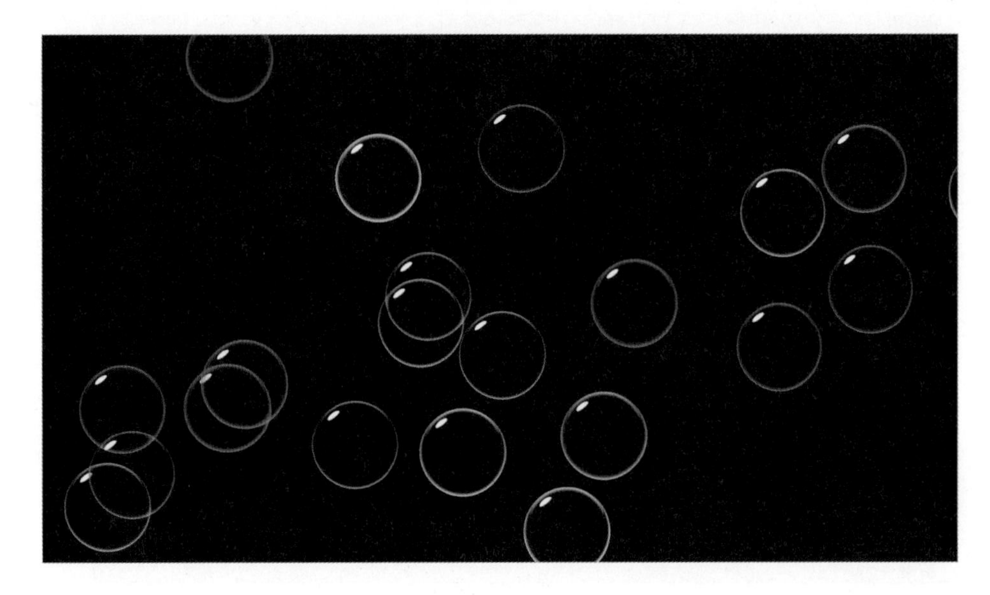

도전! 별나라 여행자 자격증

학교	초등학교	학년 / 반	학년 반
이름		컴퓨터 수련기간	개월
타자 최고 점수	타	합격 여부	합격 / 불합격

시작 화면에 [Windows 보조프로그램]-[워드패드]를 고정해 보세요.

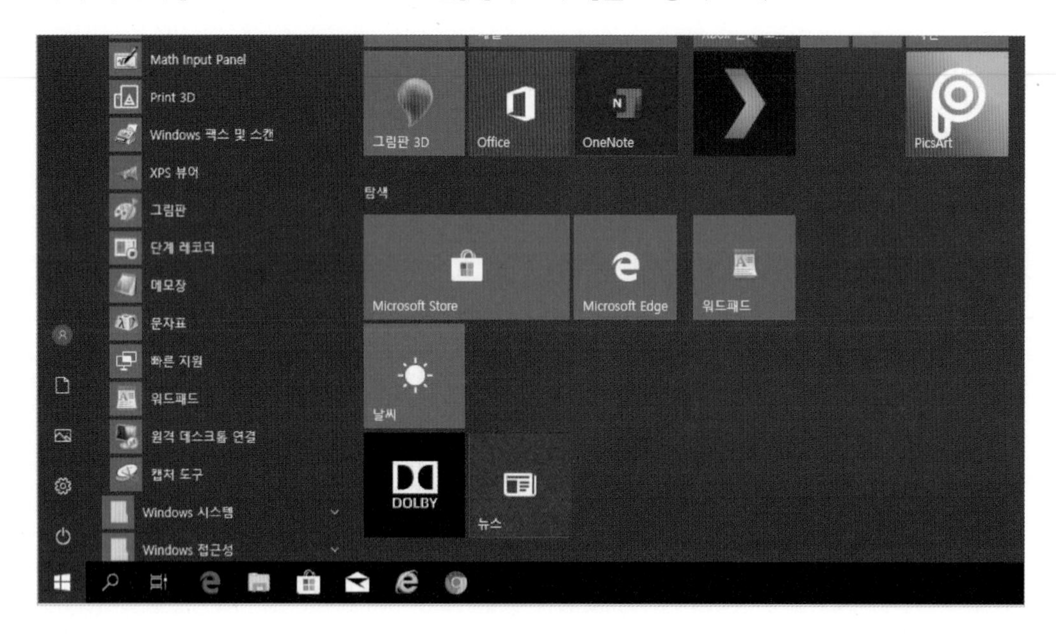

바탕 화면에 '내 PC', '휴지통', '제어판'을 실행한 후 창들을 계단식으로 배열해 보세요.

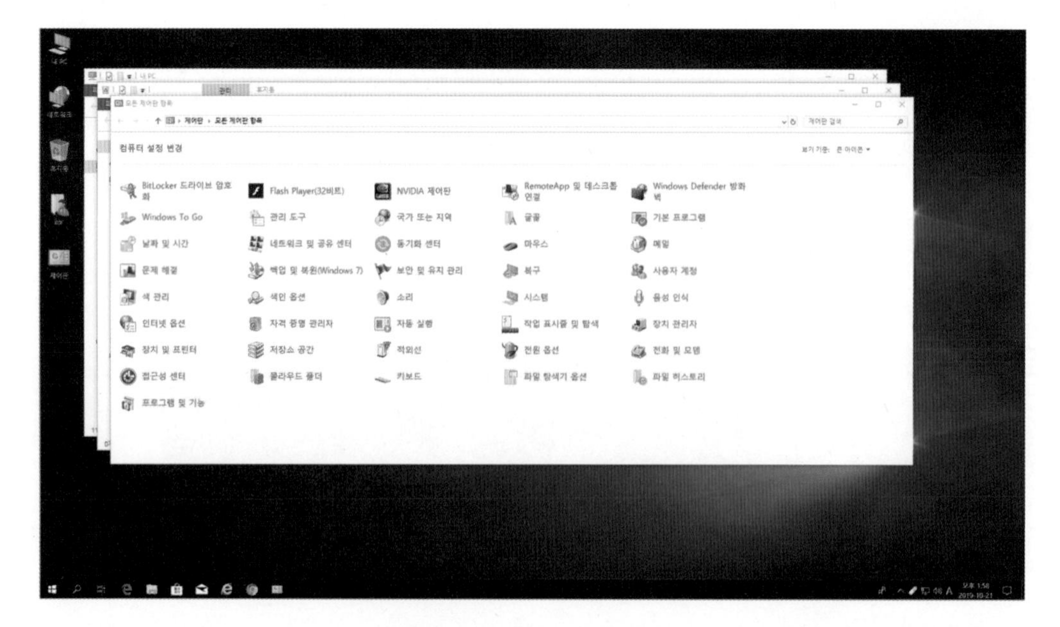

도전! 별나라 여행자 자격증

학교	초등학교	학년 / 반	학년 반
이름		컴퓨터 수련기간	개월
타자 최고 점수	타	합격 여부	합격 / 불합격

[메모장]에 다음의 내용을 입력하고 동일한 내용은 단축키를 사용하여 복사한 후 붙여 넣어 보세요.

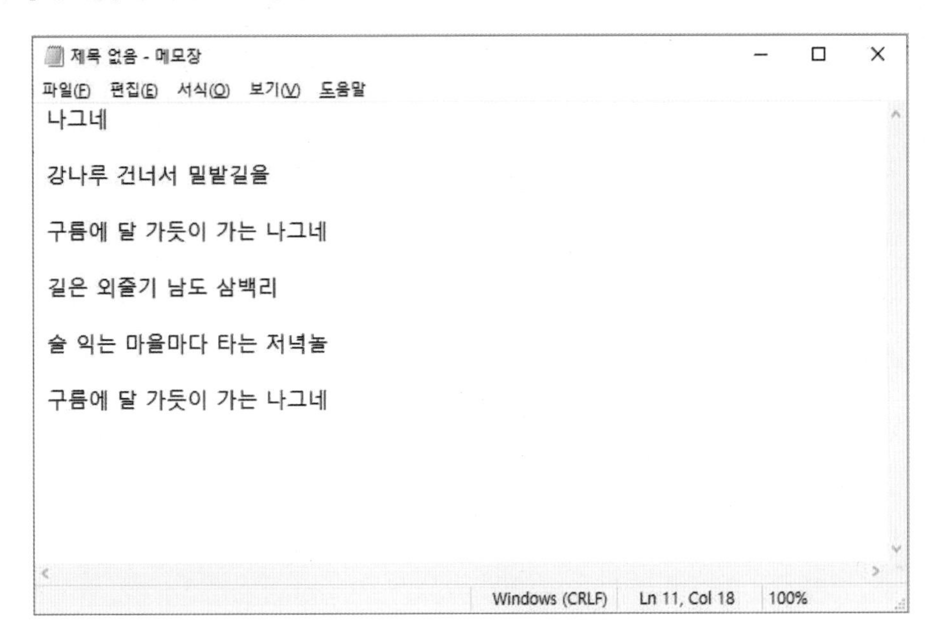

로컬 디스크(C:)에 '대한민국'이라는 새로운 폴더를 만들어 보세요.

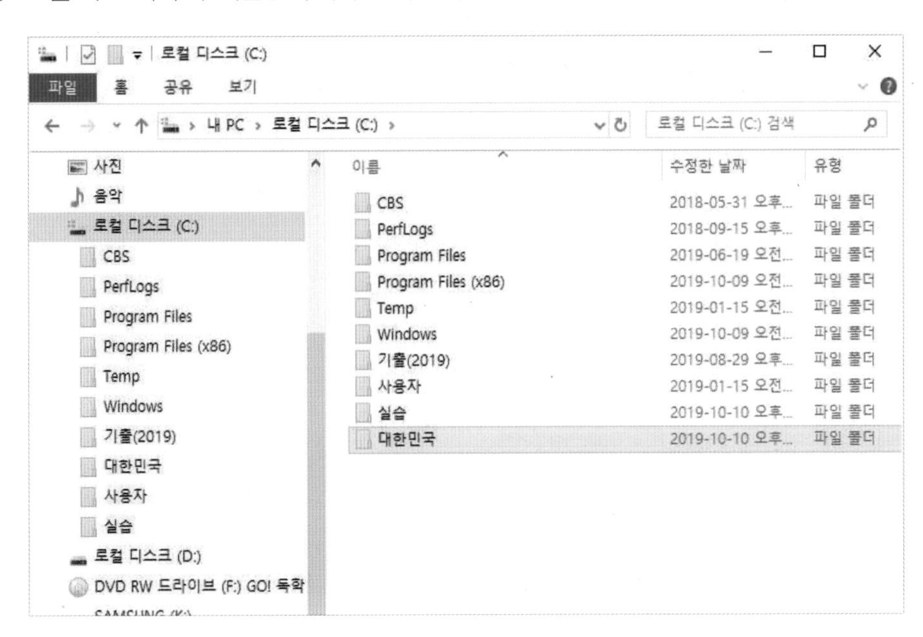

도전! 별나라 여행자 자격증

학교	초등학교	학년 / 반	학년 반
이름		컴퓨터 수련기간	개월
타자 최고 점수	타	합격 여부	합격 / 불합격

바탕 화면에 [Windows 보조프로그램]-[캡처 도구]를 바로 가기 아이콘으로 생성해 보세요.

검색 기능을 이용하여 [그림판 3D] 앱을 실행해 보세요.